A relação educador-educando

CIP-BRASIL. CATALOGAÇÃO NA PUBLICAÇÃO
SINDICATO NACIONAL DOS EDITORES DE LIVROS, RJ

P859r

Pontes, Rosa Lidia
    A relação educador-educando : um projeto psicodramático baseado em Morin e Moreno / Rosa Lidia Pontes. - São Paulo : Ágora, 2018.
    120 p. : il.

    Inclui bibliografia
    ISBN 978-85-7183-204-6

    1. Psicologia. I. Título.

18-47222
    CDD: 155
    CDU: 159.92

www.editoraagora.com.br

Compre em lugar de fotocopiar.
Cada real que você dá por um livro recompensa seus autores
e os convida a produzir mais sobre o tema;
incentiva seus editores a encomendar, traduzir e publicar
outras obras sobre o assunto;
e paga aos livreiros por estocar e levar até você livros
para a sua informação e o seu entretenimento.
Cada real que você dá pela fotocópia não autorizada de um livro
financia o crime e ajuda a matar a produção intelectual de seu país.

A relação educador-educando

UM PROJETO PSICODRAMÁTICO BASEADO EM MORIN E MORENO

ROSA LIDIA PONTES

EDITORA
ÁGORA

A RELAÇÃO EDUCADOR-EDUCANDO
Um projeto psicodramático baseado em Morin e Moreno
Copyright © 2018 by Rosa Lidia Pontes
Direitos desta edição reservados por Summus Editorial

Editora executiva: **Soraia Bini Cury**
Assistente editorial: **Michelle Neris**
Capa: **Alberto Mateus**
Produção editorial: **Crayon Editorial**
Impressão: **Sumago Gráfica Editorial**

Editora Ágora
Departamento editorial
Rua Itapicuru, 613 – 7º andar
05006-000 – São Paulo – SP
Fone: (11) 3872-3322
Fax: (11) 3872-7476
http://www.editoraagora.com.br
e-mail: agora@editoraagora.com.br

Atendimento ao consumidor
Summus Editorial
Fone: (11) 3865-9890

Vendas por atacado
Fone: (11) 3873-8638
Fax: (11) 3872-7476
e-mail: vendas@summus.com.br

Impresso no Brasil

Sumário

PREFÁCIO 9

INTRODUÇÃO 13

1 JACOB LEVY MORENO E EDGAR MORIN 17

2 O ENSINO DAS RELAÇÕES: UMA PROPOSTA
DE PROJETO EDUCACIONAL 36

3 UMA VIVÊNCIA 65

4 CONSIDERAÇÕES FINAIS 112

REFERÊNCIAS BIBLIOGRÁFICAS 117

Quero ensinar-lhe a viver.

Emílio Rousseau

Prefácio

PRIMEIRO, CUMPRE-ME AGRADECER O convite a prefaciar esta obra. De longa data tenho conhecimento das produções da autora, seja como pesquisadora, seja como escritora, que por duas décadas acompanhei nos grupos de pesquisa na área da educação privilegiando sempre as posições de Edgard Morin e, mais tarde, as pistas educacionais de Jacob Levy Moreno decorrentes do seu projeto socionômico.

Muito conhecidas nas áreas do saber – e peculiarmente no labor educacional – são as obras e as posições dos dois autores; mas alvissareira novidade é o intento de compor e de estabelecer um diálogo entre os dois autores na seara educacional.

Jacob Levy Moreno despontou na sua época como inovador por suas formas inéditas de olhar o conhecimento, porquanto, em vez de abstrações, privilegiava o contato imediato com a realidade. Assim, no estudo do homem, a subjetividade era imperante, descartando o observador neutro e a possibilidade de se chegar a uma apreensão pura da realidade. Objetivar a subjetividade, superando o observador distante pelo observador participante. O que validava o conhecimento não era a quantificação, mas a postura existencial na fase em que ele pretendia se consolidar. O psicodrama como ciência recorria a métodos quantitativos. Não separava pesquisa e intervenção e foi a postura de Moreno como observador participante que resultou nas suas descobertas e elaboração. Moreno superou o paradigma vigente causal-explicativo e inovou com uma teoria que compreendia o universo como algo aberto e o tempo como categoria do momento, do aqui e agora. Em vez do fato acabado, privilegiava o novo e o imprevisível.

Essas posições não podiam deixar de influenciar a relação educador-educando, na qual, em vez de oposições, a ênfase era dada às complementaridades, eis que o individual e o social não são dimensões opostas, isoladas, estanques, mas apenas diferentes perspectivas possíveis no entendimento e manejo das experiências humanas.

Para Moreno, o poder criador não estava fora, mas dentro de cada pessoa, vista como um ser cósmico, que por seu potencial criativo deveria ser compreendido como coconstrutor e, consequentemente, responsável por todo o universo; um ser que se instala necessariamente em um grupo social; que cria e se adapta às regras de convivência.

Característica fundamental do método de Jacob Levy Moreno é o objetivo que pode se desenvolver como psicoterápico ou socioeducacional. O sociodrama tem por finalidade pesquisar e trabalhar com a dimensão coletiva dos papéis sociais; o jogo dos papéis (*role-playing*) sempre objetiva desenvolver um papel social previamente determinado. Já o psicodrama tem um papel psicoterápico.

Desde 1923, Moreno examinava as possibilidades de aplicar o psicodrama no plano pedagógico e considerava tarefa central da escola do futuro exercitar e formar para a espontaneidade. Sua característica principal é a preocupação com a relação e a intersubjetividade. Daí o recurso a instrumentos e contextos que possibilitam a vivência e revivência de situações individuais e coletivas relacionadas à realidade existencial dos envolvidos; essa prática possibilita o conhecimento, a aprendizagem e a compreensão dos papéis sociais a ser assumidos e desempenhados.

Edgar Morin e o pensamento complexo são trabalhados pela autora com muita propriedade, apontando a junção no humano dos aspectos *sapiens* e *demens*, do racional e do emocional, do sentir e pensar, da subjetividade e da objetividade; embora amiúde possuído por seu imaginário, o humano pode reconhecer a realidade distinguindo-a da fantasia. Nesse sentido, a reflexão moriniana complementa as posições de Moreno, eis que o humano tem raízes cósmicas e biológicas. Integrando o cosmo, ele não obedece a uma ordem com leis estritas, nem está entregue às desordens e ao acaso, mas é levado por um jogo entre ordem, desordem, interações e organização.

Biologicamente, ele é uma evolução da vida celular que deu origem aos animais e evoluiu, pela via das aptidões organizadoras e cognitivas, para formas de vida psíquica, espiritual e social. Afetou o indivíduo, a espécie e a sociedade, o crescimento e a organização do cérebro humano. As programações genéticas deram lugar ao desenvolvimento da autonomia, da inteligência e do comportamento. Com e pela linguagem, a mente humana emerge dentro da cultura e estabelece uma inseparável relação entre cérebro, cultura e mente.

A autora, ao fazer correlações entre o pensamento dos dois autores, captou a possibilidade de iniciar um processo de sensibilização para educadores em suas relações com os aprendizes, descartando a metodologia denominada "bancária", apontando a possibilidade de desenvolver projetos que seriam oferecidos aos educadores, os quais, na relação com os aprendizes, desejassem trabalhar com eles os aspectos relacionais considerando ambos (educandos e educadores) seres dotados de razão, e também de emoção; de capacidade mental, mas também de corpo, sempre tomando por base os aspectos semelhantes e complementares das duas propostas.

Assim surgiram os três capítulos do livro. O primeiro, para dar ao leitor uma visão geral dos dois autores e as principais ideias com as quais eles embasam a proposta educacional. O segundo tem por escopo apresentar a possibilidade de elaborar um projeto educacional embasado no método psicodramático, a proposição do sociodrama como método, mirando descrever efetivamente a elaboração de projeto educativo fundado nas bases teóricas, filosóficas e práticas preliminarmente apontadas.

O terceiro, pela via descritiva, focaliza um workshop realizado com um grupo de professores universitários, a avaliação de dois grupos participantes da mesma proposta e as apreciações das equipes que os coordenaram.

Este trabalho contribui com os educadores de diferentes áreas e objetivos, oferecendo uma nova proposta educacional embasada em novo paradigma, integrando as posições de dois grandes pensadores que recusam reduzir o humano apenas à dimensão racional e acreditam num futuro para a humanidade e para o planeta com base na dimensão relacional do ser humano e nos aspectos que ele envolve.

Trata-se, pois, de um trabalho de fundamental importância para toda a área educacional.

José J. Queiroz
Mestre em Filosofia pelo Studium Generale Dominicano de Bolonha (Itália), doutor em Filosofia e Teologia pela Pontifícia Universidade Santo Tomás de Aquino de Roma (Itália) e professor titular do Programa de Pós-graduação em Ciência da Religião da Pontifícia Universidade Católica de São Paulo (PUC-SP)

Introdução

EM MINHA TRAJETÓRIA PROFISSIONAL realizando trabalhos em instituições e empresas de caráter educacional, quer seja no âmbito escolar, quer seja no organizacional, uma questão me inquietava: assistia e participava de aulas e treinamentos muitas vezes extremamente bem preparados e elaborados, mas majoritariamente desenvolvidos em nível conceitual racional por meio de uma metodologia, como diria Paulo Freire, de educação bancária, em que o saber e o sentir do aluno eram desconsiderados. Minha preocupação e, por que não dizer, meu incômodo aumentavam quando o tema em questão era o relacionamento professor/aluno. Questionava-me como "ensinar" aspectos comportamentais, que julgava ser expressões de aspectos culturais e emocionais muitas vezes em estado inconsciente, pela via racional. Não compreendia por que se continuava a dedicar tão pouco tempo e espaço ao desenvolvimento dos aspectos relacionais dos educadores e a utilizar recursos questionáveis quanto à eficácia nesse aspecto. Não conseguia compreender o porquê de não propiciar àqueles profissionais um trabalho de desenvolvimento de seus papéis e de suas relações por meio de um método que os envolvesse por inteiro: corpo e mente, razão e emoção.

Minhas primeiras respostas começaram a surgir ao compreender o paradigma científico dominante com suas reduções, fragmentações e implicações na educação. Simultaneamente, ao entrar em contato com Edgar Morin e sua epistemologia da complexidade e a fazer correlações com o pensamento de Jacob Levy

Moreno, vislumbrei a possibilidade de iniciar um processo de sensibilização para educadores no que diz respeito aos aspectos relacionais com seus aprendizes em outras bases, com uma visão filosófica embasada em um novo paradigma que contemplasse o ser humano como um todo.

Surgiu então a ideia desta publicação, para mostrar a possibilidade de desenvolver projetos destinados a educadores que desejam trabalhar mais eficazmente seus aspectos relacionais com seus aprendizes considerando ambos (educadores e aprendizes) seres dotados de razão, mas também de emoção; de mente, mas também de corpo.

Não queria, no entanto, reduzir a apresentação a uma proposta técnica, pois assim estaria, no mínimo, sendo incoerente com a ideia inicial, mais uma vez desconsiderando os saberes do educador e suas possibilidades de criação. Por entender que todo projeto educacional deve basear-se em uma proposta teórica e filosófica que contenha uma visão de homem, de mundo, de sociedade, de conhecimento e de ensino/aprendizagem, propus-me a realizar uma breve apresentação dos dois autores que norteiam o projeto, identificando os aspectos semelhantes e complementares de seus pensamentos que embasam e viabilizam a proposta a ser apresentada.

Dessa forma, o conteúdo foi desenvolvido e organizado em três capítulos. O primeiro objetiva dar ao leitor uma visão geral dos dois autores selecionados apresentando recortes resumidos das principais ideias que fundamentam o projeto socionômico moreniano e o pensamento complexo de Edgar Morin, e que permitiram apresentar possibilidades de estabelecer aproximações e complementaridades entre ambos no que se refere às inter-relações humanas, à educação e, especialmente, a três dos sete saberes necessários à educação do futuro, segundo Edgar Morin, que nortearam a construção da proposta destinada à formação de educadores.

O segundo capítulo visa apresentar a possibilidade de elaboração de um projeto educacional mediado pelo método psicodramático. Inicialmente, para demonstrar sua importância e viabilidade, é apresentado um breve panorama da visão atual de educadores no que diz respeito à percepção da importância dos aspectos relacionais na educação, explicitando a necessidade de tornar o ensino intencional e a proposição do sociodrama como método, para posteriormente descrever efetivamente a elaboração de uma proposta de projeto educativo para educadores nessa base teórica, filosófica e prática.

Finalmente, o terceiro capítulo apresenta o relato da aplicação do projeto descrevendo um workshop realizado com um grupo de professores universitários e a avaliação de dois grupos que experimentaram a mesma proposta, bem como as apreciações das equipes que os coordenaram.

Um dos objetivos deste livro é contribuir com os educadores de diferentes áreas e objetivos por meio de uma proposta educacional assentada em um novo paradigma, já que se propõe a integrar as ideias de dois grandes pensadores que se recusam a fragmentar o ser humano, reduzindo-o apenas à dimensão racional, e que acreditam em um futuro para a humanidade e para o planeta calcado na conscientização da importância da dimensão relacional do ser humano e de todos os aspectos envolvidos.

1. Jacob Levy Moreno e Edgar Morin

JACOB LEVY MORENO E O PROJETO SOCIONÔMICO

Mais importante do que a ciência é o seu resultado,
Uma resposta provoca uma centena de perguntas.

Mais importante do que a poesia é o seu resultado,
Um poema invoca uma centena de atos heroicos.

Mais importante do que o reconhecimento é o seu resultado,
O resultado é dor e culpa.

Mais importante do que a procriação é a criança.
Mais importante do que a evolução da criação é a evolução do criador.

Em lugar de passos imperativos, o imperador.
Em lugar de passos criativos, o criador.
Um encontro de dois: olhos nos olhos, face a face.
E quando estiveres perto, arrancar-te-ei os olhos
e colocá-los-ei no lugar dos meus;
E arrancarei meus olhos
para colocá-los no lugar dos teus;
Então ver-te-ei com os teus olhos
E tu ver-me-ás com os meus.

Assim, até a coisa comum serve o silêncio
E nosso encontro permanece a meta sem cadeias:
O lugar indeterminado, num tempo indeterminado,
A palavra indeterminada para o Homem indeterminado.

(Jacob Levy Moreno,
Viena, 1914[1])

O PROJETO SOCIONÔMICO CRIADO por Jacob Levy Moreno foi inovador para a época, uma vez que propunha formas inéditas e diferenciadas de abordar o conhecimento, o ser humano e o mundo.

No campo do conhecimento, valorizava a aproximação dos fatos em si, *"in situ"*, sublinhando a importância do contato imediato com a realidade. Defendia um método específico para o estudo do homem, que não prescindisse de sua inerente subjetividade. Não admitia a possibilidade de um observador neutro, de uma apreensão pura da realidade, propondo um método que procurasse objetivar a subjetividade, por meio de observadores participantes. Relutava em aceitar a quantificação, acreditando na convalidação existencial, utilizando-se, no entanto, principalmente na fase em que pretendia consolidar o psicodrama como ciência, de métodos quantitativos. Não fazia uma separação rígida entre pesquisa e intervenção, tendo suas descobertas e elaborações sido resultantes de seu posicionamento como observador participante de suas ações.

Não aceitava a visão de mundo que justificava o raciocínio explicativo – causal, base do paradigma vigente –, propondo uma obra baseada em uma compreensão de universo aberto e em uma concepção de tempo assentada na categoria do momento, o aqui e agora. Apontava para um olhar que privilegiava o novo, o imprevisível.

---

1. *Psicodrama* (1975), introdução.

Propôs uma teoria mais voltada para complementaridades que para o estabelecimento de oposições, postulando que individual e social constituem-se em diferentes perspectivas possíveis na descrição, no entendimento e no manejo das experiências humanas e não como dimensões opostas, isoladas, estanques.

Em sua visão de homem, propunha que o poder criador não estava fora, mas dentro de cada ser humano, entendendo-o como um ser cósmico, que por seu potencial criativo deveria ser compreendido como coconstrutor de todo o universo e consequentemente por ele responsável. O ser humano era também definido por Moreno como um ser relacional, que necessita de outro para viver e sobreviver, e, nesta medida, também corresponsável pela promoção da religação, do tudo reunir, do criar um universalismo cósmico em que Deus não fosse mais tido como o grande responsável. Um ser que nasce e instala-se necessariamente em um grupo social, do qual alimenta-se física e emocionalmente e que nesse meio constituído por fatores materiais, sociais e psicológicos inicia um processo em que gradativamente vai se reconhecendo como semelhante aos demais seres humanos e como um ser único, idêntico a si mesmo, que aprende os papéis que irá desempenhar mais tarde.

Esse ser cria e se adapta a regras de convivência, a normas que impõem formas de agir ou condutas cujo modo concreto de aceitação surge na adoção de papéis que algumas vezes podem ser escolhidos e em outras são impostos; mas a sociedade, em ambos os casos, sempre exige uma conduta específica para cada um.

A base da filosofia de Moreno está na importância da expressão dos recursos espontâneos e criativos de cada indivíduo em um mundo em que cada um é parte de um grupo, de uma entidade social e que, nessa medida, necessita desenvolver um diálogo significativo consigo mesmo e com o outro, um diálogo que dá origem ao conceito de encontro com a implicação de responsabilidade social. Uma filosofia de que eu sou o deus criador e que todos são deuses criadores.

Todos os métodos morenianos estão centrados no desenvolvimento da espontaneidade – criatividade dos indivíduos – e em suas possibilidades de viver relações mais saudáveis em busca do verdadeiro encontro. Têm origens no teatro, sendo seu núcleo a dramatização, que se realiza no "aqui e agora" com todos os elementos constitutivos da situação que se expressam por meio dos personagens, colocando o indivíduo em ação, em seu meio, tratando-o como um ser não isolado. Contemplam tanto a dimensão racional quanto a emocional, tanto o corpo quanto a mente, tanto o individual quanto o social e o inter-relacional.

Todo trabalho dramático é sempre dividido em três etapas: aquecimento, dramatização e comentários ou compartilhamento, utilizando-se de cinco instrumentos – cenário, protagonista, diretor, ego-auxiliar e público ou plateia. As técnicas utilizadas também são as mesmas para todos os métodos, sendo as principais o espelho, o duplo, o solilóquio e a inversão de papéis.

O que basicamente diferencia seus métodos é o objetivo, que pode ser psicoterápico ou socioeducacional. O psicodrama refere-se à compreensão dos comportamentos de indivíduos em suas relações, em todo e qualquer papel que desempenhe, com toda sua riqueza fantasmática, sendo sua utilização pertinente a contextos psicoterápicos. O sociodrama distingue-se do psicodrama por seu objetivo, que é pesquisar e trabalhar com a dimensão coletiva dos papéis sociais: o sujeito do sociodrama é sempre um grupo e visa criar um espaço para o desempenho de papéis que permita revelar os valores culturais de um grupo e suas redes, possibilitando a conscientização da situação e do papel de cada integrante, propiciando a mudança na medida em que permite a crítica do que foi revelado e o desenvolvimento de novas formas de atuação. O *role-playing*, ou jogo de papéis, objetiva desenvolver um papel social previamente determinado.

Moreno, conforme foi estruturando seu trabalho, dando-lhe um corpo teórico e aperfeiçoando seus recursos metodológicos, também examinou as possibilidades de aplicação do psicodrama no plano pedagógico. Em 1923 afirmava que exercitar e formar para a espontaneidade deveria ser a principal tarefa da escola do futuro. Considerava que sua aplicação poderia auxiliar tanto o aprendizado formal quanto o social.

O psicodrama, em sua teoria e prática, caracteriza-se pela preocupação com a relação e com a intersubjetividade utilizando-se de instrumentos e contextos que permitem a vivência e a revivência de situações individuais e coletivas relacionadas à realidade existencial dos envolvidos, possibilitando, dessa forma, o conhecimento, a aprendizagem e a compreensão dos papéis sociais a ser assumidos e desempenhados.

> *O mundo inteiro é um palco*
> *E todos os homens e mulheres não passam de meros atores*
> *Eles entram e saem de cena*
> *E cada um no seu tempo*
> *Representa diversos papéis.*
> (William Shakespeare)

EDGAR MORIN E O PENSAMENTO COMPLEXO

> *[...] quando, na ruptura de controles racionais, culturais, materiais, há a confusão entre o objetivo e o subjetivo, entre o real e o imaginário, quando há hegemonia de ilusões, excesso desencadeado, então, o Homo demens submete o Homo Sapiens e subordina a inteligência racional a serviço de seus monstros.*
> (Edgar Morin[2])

Morin concebe o ser humano como ser complexo, que não é somente *sapiens*, mas também *demens*, que é racional, mas também emocional, que é capaz de sentir e pensar, que contém em si, simultaneamente, subjetividade e objetividade, que é muitas

---

2. *Os sete saberes necessários à educação do futuro* (2002), p. 59-60.

vezes possuído por seu imaginário, mas pode reconhecer a realidade, distinguindo-a da fantasia.

Para definir o sujeito, Morin segue um caminho reflexivo que se inicia em origens cósmica e biológica, passando pelo que denomina processo de humanização e concluindo com uma visão sobre a unidade e a diversidade que, no seu modo de ver, o caracterizam.

Para ele o homem tem raízes cósmicas e biológicas. A raiz cósmica é revelada pela análise das partículas dos átomos das células, sendo que seu diferencial reside na vida. Tal qual o cosmo, não obedece a uma ordem com leis estritas, nem está entregue às desordens e ao acaso, sendo levado por um jogo entre ordem, desordem, interações e organização.

Seu enraizamento biológico provém da origem da vida na Terra, desde o desenvolvimento da vida celular que originou os animais e conseguiu, partindo de aptidões organizadoras e cognitivas, criar novas formas de vida psíquicas, espirituais e sociais. Segundo o autor, o crescimento e a organização do cérebro do humano afetaram o indivíduo, a espécie e a sociedade, já que houve uma diminuição de programações genéticas responsáveis pelos aspectos instintivos, dando lugar ao desenvolvimento da autonomia, da inteligência e do comportamento. A mente humana pôde emergir com e pela linguagem, dentro da cultura, estabelecendo uma relação inseparável entre cérebro, cultura e mente.

Para o autor, o indivíduo pode mostrar-se autônomo e distinto, possuidor de uma identidade única, quando observado do ponto de vista psicológico. Por outro lado, pode ser percebido como instrumento do determinismo social, se olhado do ponto de vista sociológico. Deve, portanto, ser encarado como uma trindade indivíduo-espécie-sociedade, em que um termo contém o outro. Em sua proposta, as três instâncias são inseparáveis, antagônicas e complementares, sendo o ser humano ao mesmo tempo 100% biológico e 100% cultural: necessita da sociedade para sobreviver como indivíduo, mas é consciente de si mesmo e possui necessidades individuais.

O ser humano, por suas características genéticas, culturais e psicológicas, apresenta uma diversidade infinita que faz de cada indivíduo um ser único que, no entanto, apresenta uma unidade ou identidade comum a todos os seres humanos. Há, segundo Morin, uma unidade múltipla: *"unitas multiplex"*, uma unidade e uma diversidade humana.

Para Morin a condição humana comporta dois princípios antagônicos: o princípio de exclusão e o de inclusão. Segundo o princípio de exclusão, o indivíduo é visto como único, ocupando um espaço egocêntrico. O princípio de inclusão, por outro lado, permite que os indivíduos se incluam em uma comunidade: um "nós". Existe, portanto, uma possibilidade egoísta e uma possibilidade altruísta: o indivíduo vive para si e para o outro dialogicamente.

A possibilidade de os seres humanos relacionarem-se está inscrita na relação de cada um consigo mesmo. Uma das qualidades do homem é a capacidade de objetivação, o autorreconhecimento, que lhe permite assumir simultaneamente seu ser subjetivo e objetivo, podendo se perceber ao mesmo tempo diferente e idêntico a si mesmo. Essa dualidade em que o eu pode ser percebido como outro é que permite ao ser humano integrar o outro e, consequentemente, compreendê-lo. A compreensão ocorre por meio de um movimento constante de autorreferência que se transmuta em consciência.

Para referir-se à complexa personalidade humana, Morin coloca que o sujeito, ao mesmo tempo que é uno, contém em si um vasto repertório: a dualidade interior oriunda da possibilidade de dialogar consigo próprio; a unidade plural constituída pela herança genética e pelo mimetismo dos ancestrais; multiplicidades e duplicidades internas provenientes da ausência de uma organização hierárquica entre as instâncias cerebrais; a dualidade entre corpo e mente; a cisão entre seu psiquismo profundo, o inconsciente e a consciência que deste provém; além da ampla gama de papéis sociais que desenvolve.

Em relação à racionalidade humana, Morin coloca que a mente é desenvolvida na inter-relação entre a atividade cerebral e a cultura, sendo a organizadora do conhecimento e das ações humanas. Na medida em que o cérebro não tem comunicação direta com o meio externo, todo o conhecimento e toda a percepção é uma tradução e uma reconstrução, não existindo um mecanismo responsável pela separação entre fantasia e realidade, entre subjetivo e objetivo. Essa distinção somente ocorre pela atividade racional da mente que se utiliza do controle externo, da cultura, da percepção dos demais, da memória e da lógica, não conseguindo muitas vezes, no entanto, dar conta de tal separação, levando o indivíduo a erros e ilusões. Para que essas interferências sejam minimizadas, Morin propõe a prática do autoexame como recurso imprescindível para não somente diminuir a possibilidade de falhas em relação ao processo de conhecimento de si mesmo, do outro e do mundo, como também, consequentemente, abrir as portas para o poder criativo.

O pensamento criativo decorre de uma atividade pessoal e original em que o indivíduo percebe, concebe e reflete por si mesmo, emergindo e podendo concretizar-se pela possibilidade de encontro entre a fantasia, a afetividade e a racionalidade. Mas ele pode ser constantemente bloqueado e limitado por verdades estabelecidas e normalizações interiorizadas.

Coabitam no ser humano a razão, a afetividade e a pulsão, em uma trindade inseparável que obedece a uma hierarquia instável, permutável e rotativa. A racionalidade jamais aparece isolada e é frequentemente encoberta, contaminada e manipulada pela afetividade, que está sempre presente.

Para Morin, em decorrência da visão fragmentada do ser humano que vem definindo-o unicamente pela sua dimensão *sapiens, faber* e *economicus,* o mundo está vivendo uma crise de dimensões planetárias. No plano individual, o homem está se tornando cada vez mais solitário e vazio; no plano social, está perdendo a relevância do outro e do grupo, batalhando apenas por causas individuais de retorno na maioria das vezes imediato; e planetariamente tem deparado com a insegurança gerada por problemas como a crescente miséria e fome de grande parte da população terrestre, as armas nucleares e os crescentes problemas ecológicos.

Neste cenário, o autor advoga que a educação deve ocupar seu verdadeiro papel contribuindo para a *autoformação da pessoa,* ensinando-a a assumir a condição humana, a viver e tornar-se cidadã.

> [...] Num meio intelectual que valoriza o desenvolvimento da cognição racional pelo hiperativismo e separa o ser de si mesmo, de suas dúvidas e de seus sofrimentos – pois o determinismo racional só pode se impor com a recusa da afetividade e das emoções –, o estudo do pensamento moriniano é sempre um convite ao autoestudo, à autorreflexão sobre nossa maneira singular de realizar nossa dialógica existencial, como uma porta que se abre para o enriquecimento da nossa capacidade de compreensão intelectual [...] (Pena-Vega e Stroh, 1999, p. 193).

> *Uma verdadeira viagem de descobrimento não é encontrar novas terras, mas ter um olhar novo.*
> (Marcel Proust)

JACOB LEVY MORENO E EDGAR MORIN – APROXIMAÇÕES E COMPLEMENTARIDADES

Na medida em que compreendo que todo projeto educacional pressupõe uma visão teórica e filosófica que o embase, ao pensar em unir as ideias de Edgar Morin e Jacob Levy Moreno em um planejamento de ação pedagógica procurei verificar aproximações, coerências e aspectos complementares em suas formas de pensar pois, caso não houvesse, a meu ver inviabilizaria qualquer proposta coerente. A seguir, apresento um breve resumo das ideias próximas e complementares a respeito de alguns recortes que julgo importantes para a construção de uma nova prática educativa e que por vezes estão claramente colocados ou aparecem ao menos de forma implícita na obra dos autores.

- **Conhecimento.** Ambos admitem a impossibilidade de uma apreensão pura da realidade. Compreendem que inexistem condições de neutralidade nas observações, já que o homem como sujeito do conhecimento necessariamente interfere nele por sua subjetividade. Concebem também um universo aberto que compreende o imprevisível e acolhe a incerteza.
- **Visão de Deus.** A relação homem-Deus é horizontalizada. Na visão dos dois autores, Deus está presente em cada ser humano e em cada elemento da natureza, com a consequente atribuição da responsabilidade sobre seu próprio destino como ser, sociedade, espécie e planeta ao indivíduo.
- **O homem como ser cósmico.** Compreendem o homem como um ser pertencente ao cosmo e responsável por ele. Acreditam que o futuro da humanidade e do planeta está alicerçado a essa consciência.
- **A relação entre o indivíduo e a sociedade.** Consideram o homem um ser relacional que necessita do outro para sobreviver e submete-se à sociedade absorvendo suas influências e normas sem deixar de ser consciente de si mesmo e de suas necessidades. Compreendem a família como placenta social, o primeiro grupo social do indivíduo, responsável pela transmissão de valores.
- **A relação eu-outro: possibilidades e dificuldades.** Reconhecem que o homem é capaz de ter consciência de si mesmo, do outro e da relação, e que está apto a estabelecer relações exclusivas da espécie que incluem a compreensão de si mesmo e do outro. Explicitam também um conflito de base no ser humano que reside na constante separação e integração entre si mesmo e o outro: necessita do sócio, mas possui sentimentos e necessidades individuais muitas vezes incompatíveis com a

inclusão de outro. Entendem que a elaboração e resolução desse conflito não pertencem exclusivamente ao plano político, econômico e religioso. Creem na possibilidade de criação de momentos inter-relacionais em que se consegue o máximo de realização e de superação de si, com o outro ou com o mundo, um momento de felicidade e de comunhão – *êxtase para Morin e encontro para Moreno*.

- **O mundo interno e as inter-relações.** Compreendem que na relação eu-outro, como em qualquer outra forma de conhecimento, acontece um processo de tradução e codificação do real que pode estar sujeito a erros e desvios. Propõem o trabalho de autoconhecimento crítico como forma de minimizá-los, possibilitando estabelecer relações em que predominem a compreensão, o respeito e a responsabilidade consigo mesmo, com o outro, com a sociedade e com o mundo.
- **A criatividade humana e as relações.** Embora a criatividade não ocupe lugar tão central no pensamento moriniano quanto no moreniano, existe uma aproximação na medida em que os dois autores a entendem como sendo de natureza complexa, envolvendo aspectos conscientes e inconscientes, racionais e emocionais, também responsável pela transgressão da realidade existente, que possibilita ao homem a coconstrução de seu universo, estando presente em suas relações.
- **O *homo sapiens-demens*.** Aqui, ocorre o inverso do item anterior. Moreno não coloca este aspecto em destaque, mas deixa implícito em seus métodos a aproximação com o pensamento moriniano. Recorreu à arte, à ação e ao jogo para efetuar o rompimento entre as dualidades razão-emoção, corpo-mente, fantasia-realidade para potencializar a capacidade humana de enfrentar o novo e recriar o mundo integrando o prosaico e o poético.

Um aspecto que os diferencia, sem, no entanto, inviabilizar a integração – muito pelo contrário, revela uma complementaridade importante na justificativa de uma proposta integradora –, reside no método. Morin advoga o homem complexo, não propondo, no entanto, nenhuma alternativa para o autoconhecimento que contemple este ser como um todo, o que Moreno faz com maestria em seus métodos.

SABERES NECESSÁRIOS À EDUCAÇÃO DO FUTURO PARA EDGAR MORIN E PARALELOS COM O PENSAMENTO DE JACOB LEVY MORENO

Ao encontrar aproximações importantes nos aspectos teóricos e filosóficos necessários à construção de um projeto educacional, pude, então, delimitar tópicos para explorar e desenvolver no programa. Foram selecionados e resumidos três tópicos entre os sete descritos por Edgar Morin em seu livro *Os sete saberes necessários à educação do futuro* (2002), realizando simultaneamente uma apreciação das possíveis aproximações com o pensamento moreniano. Os "saberes" selecionados foram: *as cegueiras no conhecimento relacional: o erro e a ilusão, enfrentar as incertezas* e *ensinar a compreensão.*

As cegueiras no conhecimento relacional: o erro e a ilusão

Morin e Moreno reconhecem que aspectos afetivos e culturais em estado inconsciente podem constituir fonte de erros responsáveis pela distorção da percepção em relação ao outro, impedindo ou dificultando, segundo Morin, um relacionamento livre que permita a identificação e a consequente compreensão, ou, de acordo com Moreno, um relacionamento espontâneo-criativo que possibilita a tomada ou inversão de papéis. Ambos entendem que a educação deve contribuir para o desenvolvimento do homem como um todo, preparando-o como ser responsável não somente por si mesmo, mas pelo outro, pela sociedade e pelo mundo que habita. Os pensamentos dos autores aproximam-se no que diz respeito a um ensino que, de alguma forma, conscientize o homem de seus possíveis vieses relacionais, sensibilizando-o para o exercício do autoconhecimento necessário para estabelecer relações saudáveis em que predominem a compreensão e a solidariedade.

Morin acredita que o ensino da busca da verdade, a ser realizado também por meio de atividades auto-observadoras, autocríticas e de processos reflexivos, deve fazer parte do processo educativo. Para o autor, o aprendizado da auto-observação faz parte da lucidez e, dessa forma, a aptidão reflexiva, que permite ao homem desdobrar-se e considerar-se, deveria ser encorajada e estimulada. O ensino, para ele, parece pautar-se na sensibilização para o conhecimento do processo perceptual do homem, na compreensão de que este pode conduzir a erros e distorções, no entendimento das origens nem sempre claras desses mesmos desacertos e no desenvolvimento de uma racionalidade crítica e autocrítica.

Moreno afirma que exercitar e formar para a espontaneidade deveria ser a principal tarefa da escola do futuro. Ao acreditar que os seres humanos são responsáveis pelo processo de religação, propõe uma revolução social por meio dos pequenos grupos, da sociometria e do trabalho inter-relacional. Este trabalho visa ao desacorrentamento das conservas, libertando o indivíduo para relações saudáveis. É precisamente nesse momento que Moreno parece acrescentar uma nova perspectiva por meio de seus métodos.

Na medida em que existe uma aproximação entre os dois autores no que se refere às possibilidades de erros e suas origens, e da importância de um ensino que dê conta de conscientizar os indivíduos promovendo o autoconhecimento crítico, a compreensão do outro e a relação com ele, parece ser perfeitamente viável e enriquecedora a possibilidade de utilizar os métodos morenianos para tanto, já que eles parecem ser, acima de tudo, extremamente coerentes com a visão de complexidade moriniana.

Enfrentar as incertezas

É comum aos dois autores não aceitar somente a visão de mundo que justifica o raciocínio explicativo-causal, estando suas obras baseadas em uma concepção de universo aberto, em uma perspectiva que privilegia o novo, o imprevisível.

Para Morin, um dos grandes desafios para a humanidade na atualidade é livrar-se da ilusão de que seu destino é previsível, considerar que o novo não pode ser antevisto e aprender a enfrentar a incerteza. Para ele, é função da educação preparar os indivíduos para compreender que toda ação é uma decisão, uma escolha que implica uma aposta consciente do risco e da incerteza, e que pode gerar um resultado inesperado e desastroso, causar a sensação de impotência por um resultado inócuo ou colocar em risco as conquistas anteriores. Suas considerações parecem dizer respeito a todo e qualquer conhecimento, inclusive o relacional. Considera função da educação esclarecer que o conhecimento não pode conduzir à inércia, mas ao desafio, por meio do reconhecimento dos riscos e da elaboração de estratégias que permitam a modificação ou a anulação da ação.

Moreno coloca que os seres humanos estão mal preparados e mal equipados para enfrentar a surpresa, e que, quanto mais fatigados ou automatizados pelas máquinas e apetrechos do mundo moderno, mais inábeis se tornam para responder a situações novas e bruscas. Teme pelo futuro da humanidade robotizada, que se acomoda ao que lhe é culturalmente dado e cada vez menos se sente exigida a criar novas respostas.

Ao referir-se à aprendizagem, Moreno afirma que o homem teme a espontaneidade pelo risco e pelo constante esforço que ela exige, preferindo lidar com o conhecido, sentindo-se confortavelmente protegido em uma sociedade tecnificada na qual acredita que todos os problemas, bem como todas as soluções adequadas, estão previstos. Quando, em 1923, defendia o desenvolvimento da espontaneidade como tarefa da educação, ponderando que a aplicação poderia auxiliar tanto o aprendizado formal quanto o social, propôs que toda escola desenvolvesse trabalhos psicodramáticos que fossem utilizados como laboratórios para atuações livres e espontâneas.

Pode-se verificar, portanto, a mesma preocupação nos dois autores em relação a uma visão de mundo causalista linear que não prepara o ser humano para o novo e imprevisível e uma concordância quanto a propostas educacionais que deveriam se responsabilizar por essa reflexão e conscientização, bem como com seu ensino de forma geral e em particular no que diz respeito às inter-relações.

No que diz respeito ao enfrentamento das incertezas, novamente encontram-se posicionamentos semelhantes entre os dois autores que parecem colocar-se não de forma antagônica, mas complementar principalmente em relação ao método. Enquanto Morin parece propor reconhecer os riscos e elaborar estratégias que permitam a modificação ou a anulação da ação por meio de um processo reflexivo individual utilizando a racionalidade, Moreno propõe o trabalho psicodramático para o desenvolvimento da criatividade-espontaneidade em grupos, privilegiando todas as dimensões humanas. Na proposta moreniana, os riscos também podem e devem ser avaliados e estratégias podem ser experimentadas como novas formas de enfrentar situações. Em um ambiente protegido, utilizando o jogo de papéis, inúmeras situações podem ser experienciadas e testadas, sempre em um processo de conscientização e elaboração das condições internas e externas ao indivíduo. A elaboração racional também não está ausente na proposta de Moreno; ela está integrada com a vivência de aspectos emocionais. Talvez a maior diferença seja o fato de Moreno propor desenvolver uma grande aptidão para o enfrentamento do novo, a espontaneidade, por meio do conhecimento de si mesmo – fraquezas, potencialidades, valores e sentimentos –, bem como do outro e da relação com ele.

Ensinar a compreensão

Moreno e Morin aproximam-se ao reagir ao teocentrismo e ao antropocentrismo irresponsável do mundo moderno, concebendo o homem como ser corresponsável e cocriador do universo.

Compreendem o ser humano como ser relacional, que tem consciência de sua identidade, capacidade de reconhecer o outro e aptidão para estabelecer relações de identificação que permitem a compreensão. Entendem, também, que as sociedades são construídas pelas relações humanas e que as culturas são preservadas e recriadas pelo próprio homem e seus relacionamentos. Acreditam que o futuro da humanidade esteja assentado em um trabalho de sensibilização e conscientização do homem em relação ao desenvolvimento do respeito e da responsabilidade consigo, com o outro, com suas relações e com o mundo.

Morin coloca que, apesar de os meios de comunicação terem se tornado mais numerosos e mais sofisticados, o problema da incompreensão humana permanece, uma vez que a comunicação não leva por si mesma à compreensão. Segundo o autor, a comunicação bem transmitida e compreendida traz inteligibilidade, que é uma condição necessária, mas não suficiente, para a compreensão. Para que haja compreensão intelectual ou objetiva são necessárias inteligibilidade e explicação, mas a compreensão humana vai além da explicação. O outro não é percebido apenas objetivamente, é percebido como outro sujeito, sendo, portanto, necessário um processo de empatia, de identificação e de projeção. A compreensão humana é sempre intersubjetiva e exige abertura, simpatia e generosidade.

Para Morin, a falta de compreensão consigo mesmo e com seus próprios sentimentos e valores torna muito difícil a compreensão do outro, de suas emoções e de sua cultura. É uma das fontes de incompreensão mais importantes, pois, à medida que as carências e fraquezas são mascaradas, maior é a tendência de se tornar implacável com as mesmas carências e fraquezas do outro.

Morin ressalta ainda que o paradigma dominante redutor e simplificador tem se tornado um dos fatores responsáveis pela incompreensão. Reduzir a personalidade a apenas um de seus traços leva a avaliações e julgamentos parciais, tomando a parte pelo todo.

Para ele, portanto, a missão que denomina *propriamente espiritual* da educação está no ensino da compreensão entre as pessoas *como condição e garantia da solidariedade intelectual e moral da sociedade*,[3] pois aprender a compreender antes de condenar é o caminho da humanização das relações humanas. A educação para a compreensão tem estado ausente no ensino, e o planeta necessita de compreensão mútua para que as relações humanas saiam de seu estado *bárbaro* de incompreensão.

A base da filosofia de Moreno está assentada na importância da expressão dos recursos espontâneos e criativos de cada indivíduo em um mundo onde cada um é parte de um grupo, de uma entidade social e que, por isso, necessita desenvolver um diálogo significativo consigo mesmo e com o outro. Para Moreno, é este diálogo que dá origem ao conceito de tele, com a implicação de responsabilidade social: a promoção da religação, do tudo reunir, do criar um universalismo cósmico.

Para Moreno, o conceito de *einfühlung* (empatia) até então conhecido referia-se a relações unidirecionais e era insuficiente para a investigação de fenômenos interpessoais. Não havia um conceito para expressar o que ocorre no encontro, um movimento do eu ao tu e do tu ao eu. Colocando sempre a ênfase no desenvolvimento do indivíduo no grupo e por meio do grupo, elaborou o conceito de *tele*, que definiu como a percepção interna mútua entre indivíduos. Em uma relação entre duas pessoas, poder-se-ia defini-la como a empatia que ocorre em duas direções. A empatia seria apenas um fragmento télico.

Segundo Moreno, o que mantém um grupo e cria coesão é a possibilidade dos seres humanos de comunicarem-se e compreenderem-se mutuamente; é a tele que permite a religação, a responsabilidade social.

Para ele, o futuro da humanidade está apoiado em dois eixos complementares: o desenvolvimento da espontaneidade-criati-

---

3. *Os sete saberes necessários à educação do futuro*, p. 17.

vidade e o fator tele. A escola do futuro deveria ser uma das responsáveis por esse ensino/aprendizado, até mesmo pelo fato de que durante muitos anos da vida de um indivíduo a escola se constitui em importante núcleo social.

Finalizando este item, mais uma vez pode ser percebida uma forte aproximação entre os dois autores, que veem na educação um dos caminhos para o ensino da compreensão que ambos julgam um dos aspectos mais importantes a ser desenvolvidos na humanidade em busca da vida em um mundo melhor. E, novamente, deve-se salientar a viabilidade da utilização do método psicodramático como meio para o alcance de tal objetivo, já que ele pode permitir que a compreensão se realize além da inteligibilidade e da explicação, pressupondo o entendimento do ser humano como ser complexo, que inclui afetividade, emoção, poesia etc., como postula Morin.

No que diz respeito ao ensino e às relações, pode-se verificar que os três saberes estão intimamente relacionados. O processo de compreensão depende da percepção das necessidades, dos valores e dos sentimentos do indivíduo, da possibilidade de enxergar o outro como entidade isolada, utilizando para isso o conhecimento de seus próprios sentimentos e valores, ou seja, identificação sem mistura de identidades – a possibilidade de tomar ou inverter papel com o outro. Para que o outro possa ser compreendido, então, é preciso lutar contra os erros – *imprintings* ou conservas culturais – de qualquer ordem. O indivíduo deve estar consciente de seus valores para conseguir enxergar os do outro de acordo com seu ponto de vista (do outro), o que Moreno denomina *tomar o papel do outro*. Além disso, a compreensão de si mesmo e do outro leva necessariamente ao enfrentamento das incertezas, na medida em que se entende que o ser humano não opera necessariamente por meio de um sistema de causa e efeito, mas tem individualidade e poder criativo que podem conduzi-lo a reações muitas vezes inesperadas.

Nessa medida, talvez o pensamento dos dois autores no que diz respeito ao ensino das relações humanas possa ser sintetizado na necessidade de a educação focar em projetos que propiciem o autoconhecimento, bem como o conhecimento do outro e das relações, visando desenvolver relações mais saudáveis, pautadas na espontaneidade, no respeito e na responsabilidade.

2. O ensino das relações: uma proposta de projeto educacional

O ENSINO RELACIONAL

As INSTITUIÇÕES ENCARREGADAS DA educação na atualidade, inseridas em um mundo em que o paradigma dominante é cartesiano, estão dissociadas da realidade do mundo e da vida, produzindo indivíduos incapazes de autoconhecimento como fonte criadora, gestora, e responsáveis por sua vida, pelos outros e pelo mundo. Os problemas relacionados aos aspectos sociais, psíquicos, éticos e morais que estão transformando as pessoas em seres individualistas, egocêntricos, sem noções de ética e de solidariedade, desconhecedores do significado do amor e da compreensão, vêm sendo ignorados.

Realizando uma rápida revisão bibliográfica, encontram-se educadores que demonstram preocupar-se com os aspectos relacionais presentes no processo educativo, mais especificamente com uma formação mais global dos instrutores nesse sentido. No entanto, quando valorizado, esse ensino ainda ocorre por meio dos velhos métodos calcados na racionalidade. Não se têm contemplado os indivíduos indivisos e complexos como são e, não se tem atentado que este ensino relacional, na maioria das vezes, ocorre de forma assistemática, quando as pessoas, tendo em vista outros objetivos que não o de educar, acabam, de forma não intencional, irrefletida, educando e se autoeducando ao se comunicar. O educador, ao relacionar-se com seus aprendizes com o objetivo explícito de ministrar uma matéria específica, está "em relação" e, portanto, de forma não consciente, não intencional, está "educando-os", ensinando valores, formas de ser, de atuar e, principalmente, valores quanto à sua identidade, e existem riscos nessa ação. É um ensino que precisa tornar-se consciente, intencional.

Como Paulo Freire (2002, p. 10) bem colocava:

> É preciso ousar para dizer cientificamente que estudamos, aprendemos, ensinamos, conhecemos com o nosso corpo inteiro. Com os sentimentos, com as emoções, com os desejos, com os medos, com as dúvidas, com a paixão e também com a razão crítica. Jamais com esta apenas. É preciso ousar para jamais dicotomizar o cognitivo do emocional.

O SOCIODRAMA COMO MÉTODO NA FORMAÇÃO DE EDUCADORES NO ENSINO DAS RELAÇÕES

O sociodrama, inserido no sistema socionômico de Moreno, constitui-se em um dos métodos da sociatria. Pode ser definido como um método psicopedagógico de trabalho, apropriado à facilitação da aprendizagem de papéis, ideias, conceitos e atitudes.

Em uma vivência sociodramática, o sujeito é o grupo e o papel a ser trabalhado é o que corresponde aos objetivos, às finalidades e aos critérios pelos quais os participantes se reúnem.

O trabalho sociodramático pode ter origem nas necessidades expressas pelo grupo no "aqui e agora" da situação, quando o tema a ser desenvolvido na vivência emerge a partir da interação dos participantes; ou pode ser tematizado, situação em que o tema é previamente definido com base nas necessidades do grupo que foram anteriormente diagnosticadas e dos objetivos do coordenador. Nos dois casos, no entanto, não existe um *script* previamente definido. Depois de eleito o tema, o desenrolar do drama é de criação grupal e, por conta disso, todos os participantes estão igualmente envolvidos e são corresponsáveis pelo resultado final, o que já implica necessariamente um aprendizado de trabalho de troca de experiências, de respeito pelas opiniões, pelos valores e pelos sentimentos do outro.

Por meio da ação, a vivência sociodramática permite esclarecer valores e sentimentos muitas vezes em estado inconsciente nos participantes de forma individual ou no grupo como um todo. A ação resultante da criação de cenas, de imagens corporais ou da participação em jogos dramáticos possibilita a percepção de si mesmo e do outro no papel, bem como a percepção do contrapapel ou papel complementar, o que, em última análise, significa dizer que permite a experimentação de novas respostas, o desenvolvimento da espontaneidade-criatividade e, consequentemente, a inversão de papéis.

Transportando a linguagem moreniana para a moriniana, pode-se dizer que por meio da ação dramática, em uma vivência sociodramática, é possível realizar um trabalho autocrítico que propicia o desvelar e o exame de *imprintings* responsáveis por erros e distorções perceptuais que muitas vezes estão por trás de dificuldades relacionais, o que possibilita a identificação dos valores e sentimentos do indivíduo, criando as condições necessárias à identificação com o outro e, consequentemente, da compreensão. A ação dramática também facilita o entendimento de que nas relações, como em todo e qualquer conhecimento e interação, não existem certezas nem respostas certas ou erradas. Trata-se de um método que procura lidar com o homem em todas as suas dimensões, procurando reunir razão e emoção, corpo e mente, pensamento e ação, o prosaico e o poético. Sua utilização em um projeto como o que tenho proposto visa tornar intencional o ensino da relação educador-educando, sensibilizar o profissional da educação de que sua atuação relacional é também educativa e que existe necessidade de *reformular a ação* quanto ao desenvolvimento do papel de educador.

PROPOSTA DE UM PROJETO

DADOS GERAIS SOBRE O PROJETO

Inicialmente, é importante salientar que o projeto elaborado e descrito a seguir não deve ser compreendido como modelo correto e único, mas como um exemplo, uma possibilidade de sensibilização de educadores para as três categorias educativas anteriormente selecionadas, utilizando-se de um método psicodramático. O psicodrama não pressupõe existirem modelos a ser seguidos, mas a criação, por parte do diretor[4] da atividade, de uma estratégia válida para determinado grupo, em certa circunstância, naquele momento, para aquela população e para aquele diretor. Caso contrário, se estaria contrariando um de seus fundamentos básicos, que é a quebra de conservas culturais e a busca por respostas espontâneas.

Tendo-se em vista que o objetivo desse planejamento foi demonstrar a viabilidade da elaboração de um projeto destinado a educadores para sensibilizá-los em direção a uma nova prática em suas relações com os aprendizes com base em três categorias selecionadas dos pensamentos de Jacob Levy Moreno e de Edgar Morin, ele deve ser classificado como um sociodrama tematizado, ou seja, seu tema já está previamente definido.

O projeto foi elaborado visando à aplicação a um grupo de educadores de até 20 participantes com duração de oito horas. Foi subdividido em quatro módulos de aproximadamente duas horas de duração cada, sendo dois no período da manhã e dois no período da tarde, com um intervalo de dez minutos entre cada um. Ao término dos dois primeiros módulos está previsto um intervalo maior, de 60 minutos, para o almoço, que deve ocorrer no próprio local.

---

[4]. O diretor de psicodrama é um dos cinco instrumentos utilizados pelo método psicodramático. Em um grupo de psicodrama, ele, em conjunto com os egos-auxiliares profissionais, constitui a equipe técnica. A denominação tem origem na terminologia teatral.

O trabalho deve ser conduzido por um educador, o diretor, e contar com a participação de mais dois ou quatro profissionais, para atuarem como egos-auxiliares. O primeiro deve, necessariamente, ter formação psicodramática, sendo que os demais poderão estar em formação.

Cada módulo deve ser desenvolvido respeitando as etapas de uma sessão psicodramática, a saber: aquecimento, dramatização, comentários e, já que se trata de um projeto com finalidades educativas, processamento.

O número de participantes está delimitado a um máximo de 20, em função do caráter vivencial do projeto. A carga horária estabelecida de oito horas[5] pode ser cumprida em um mesmo dia, tendo em vista a pouca disponibilidade de tempo dos docentes, cujos contratos não contemplam horas destinadas a esse tipo de atividade. O local sugerido, dentro da instituição, visa facilitar a todos os docentes, que já habitualmente para lá se dirigem.

Trata-se de um projeto realista, que leva em consideração as possíveis resistências, seja dos docentes, seja da instituição de ensino: inseridos no paradigma dominante atual, professores e instituição não dão primazia a esse tipo de iniciativa, não colocando, muitas vezes, essa necessidade como prioridade no dispêndio de seus tempos, energias e gastos.

O projeto foi elaborado para um grupo com o número de participantes considerado máximo e em um tempo avaliado como mínimo, dadas as circunstâncias de realidade. As atividades foram planejadas visando alcançar mais de um objetivo, ou seja, embora cada uma tenha sido selecionada ou direcionada a um objetivo eleito como principal, outros aspectos estão sendo planejadamente contemplados. Deve-se ter em mente, ainda, que

---

5. Se uma carga horária maior fosse disponibilizada, talvez a probabilidade de obter resultados favoráveis em um maior número de participantes fosse maior, no entanto, levando-se em consideração as dificuldades de introdução de um projeto novo para a população em questão, foi considerado o tempo mínimo necessário à exploração do conteúdo selecionado.

as três categorias, como anteriormente colocado, encontram-se intimamente relacionadas, sendo praticamente impossível dissociá-las, além de indesejável, dentro de uma perspectiva complexa. Dessa forma, cada módulo focalizou mais especificamente uma das categorias, sem deixar, no entanto, de envolver as demais, e, a cada processamento, as exploradas anteriormente foram retomadas, de forma a reforçar o aprendizado e, ao final, permitir um conhecimento não fragmentado.

O primeiro módulo teve como objetivo principal a apresentação da equipe e dos participantes, promovendo o início da vinculação necessária ao desenvolvimento do trabalho como um todo, o alinhamento das expectativas da equipe e dos participantes e o foco do conteúdo, definido no módulo "As cegueiras no conhecimento relacional".

O segundo módulo objetivou principalmente o contato dos educadores participantes com sua dimensão afetiva (emocional) especificamente neste papel, dando início ao trabalho de autoconhecimento por meio da tomada de consciência de modelos, sentimentos e valores interiorizados dentro da perspectiva da relação professor-aluno. Outro objetivo foi propiciar a identificação dos participantes entre si. O conteúdo central a ser desenvolvido entrou no módulo "As incertezas relacionais".

No terceiro módulo, os objetivos foram o desenvolvimento da autopercepção no papel de educador, a sensibilização para a necessidade de se desenvolver a percepção do outro para poder se colocar no lugar do aprendiz, a reflexão sobre o novo e imponderável das relações humanas e especificamente da relação educador-educando e a crescente identificação dos participantes entre si. O foco foi colocado no módulo "Ensino da compreensão".

O quarto e último módulo teve como objetivo principal a elaboração da impossibilidade de dicotomizar razão e emoção, sensibilizando os participantes para o fato de que a dimensão emocional do ser humano, contrariamente ao que tem sido enfatizado pelo paradigma atual, não somente está sempre presente como pode, se bem trabalhada, ser tão ou mais valiosa no processo ensino/aprendizado quanto sua dimensão racional. O foco foi colocado no "Homem como ser complexo", procurando correlacionar as três categorias anteriormente focadas.

PLANEJAMENTO
Primeiro módulo – As cegueiras no conhecimento relacional

Objetivos
- Estabelecimento inicial dos vínculos entre equipe (diretor e egos-auxiliares) e participantes baseados em dados de realidade.
- Propiciar uma primeira integração entre os participantes, em um clima de descontração.
- Levar os participantes a perceber e refletir sobre os acertos e erros perceptuais que ocorrem em um processo relacional, bem como suas consequências.
- Apresentação dos participantes, visando à integração do grupo.
- Alinhamento das expectativas dos participantes com o programa a ser desenvolvido. Exposição sobre a importância de um trabalho vivencial para educadores em uma perspectiva complexa.

Conceituações envolvidas
1. Vínculo.
2. As cegueiras do conhecimento relacional:
   Imprinting = conserva cultural.
   Tele, transferência, projeção.
   O conhecimento de outro indivíduo, como qualquer outro conhecimento, é fruto de um processo de tradução e reconstrução. A interferência da subjetividade do conhecedor (afetividades, valores culturais, crenças e convicções) não pode ser ignorada.
3. O homem como ser complexo.

Material necessário
- Canetas hidrográficas e esferográficas
- Etiquetas autocolantes
- Quadro para anotações
- Ampulheta
- Fósforos longos

Quórum mínimo
Para que a primeira atividade seja iniciada, devem estar presentes no mínimo a metade mais uma pessoa dos participantes inscritos.

Procedimento inicial
Na medida em que cada participante entra na sala, os egos--auxiliares perguntam seus nomes e os escrevem em uma etiqueta autocolante em forma de crachá para identificação.

Primeira atividade
AQI[6] – Diretor e equipe saúdam os participantes explicando que o trabalho será iniciado de uma forma diferente da tradicional, visando a dois objetivos: apresentação da equipe e uma introdução conceitual.

O diretor esclarece que farão algo que já fazem normalmente em seu cotidiano, mas, na maioria das vezes, sem se dar conta. Exemplifica que quando se está em uma fila de banco, como não se tem nada a fazer, a não ser aguardar, começa-se a observar o

---

[6]. A partir deste momento, serão utilizadas as seguintes legendas:
AQI – aquecimento inespecífico.
AQE – aquecimento específico.
DRAM – dramatização.
COM – comentários.
PROC – processamento.
DIR. – diretor.
EGO – ego-auxiliar.
PART – participantes.

ambiente e as pessoas ao redor, tecendo comentários a respeito consigo mesmo. Pensa-se como determinada pessoa está "acabada" ou como outra parece "bem de vida".

Solicita, então, que os participantes se subdividam em x^7 subgrupos com igual número de pessoas e pede que cada subgrupo observe e teça comentários a respeito de um dos membros da equipe, como se estivessem fazendo uma "fofoca" com consentimento. Estabelece dez minutos para a realização da tarefa.[8]

AQE – Realizada a subdivisão, cada membro da equipe se direciona a um dos subgrupos e explica que ele será o objeto de descoberta, permitindo ser observado. O membro da equipe se retira e deixa o grupo a sós para realizar a atividade.

DRAM – Os subgrupos discutem e traçam o perfil do membro da equipe. Ao término do tempo estabelecido, após certificar-se de que todos concluíram a tarefa, o diretor solicita que retornem ao grupo maior, e que cada subgrupo fale sobre o membro da equipe que foi objeto de observação para que posteriormente a equipe confirme ou não as percepções.

COM – A equipe seleciona e pontua alguns erros e acertos de cada subgrupo, tentando identificar junto com os participantes os motivos que os levaram àquelas constatações.

PROC – O diretor introduz a explicação da categoria denominada "cegueiras relacionais" por meio da execução de uma imagem

---

[7]. Devem ser tantos subgrupos quanto o número de participantes da equipe responsável pelo projeto.
[8]. Esta atividade foi criada pela autora deste trabalho há cerca de 20 anos, com a finalidade de concretizar no aqui e agora de uma situação didática as possibilidades de erros e acertos perceptuais introduzindo vivencialmente os conceitos de tele e transferência criados e desenvolvidos por J. L. Moreno.

corporal[9] e solicita que quatro participantes se predisponham a contribuir com a explicação, levantando-se e colocando-se no centro do grupo.

Dois participantes ficam um diante do outro simulando uma situação em que os dois, A e B, estão se conhecendo (Figura 1). Dispõe os outros dois participantes, C e D, atrás, respectivamente, de A e B (Figura 2). Pergunta a idade de A e diz que em seus x anos de vida A "aprendeu" muita coisa tanto formal quanto informalmente, incluindo sentimentos e valores, que serão naquele momento representados por C como se ele fosse uma "mochila" cheia que é carregada por A a todo momento, aonde quer que vá. Executa o mesmo procedimento em relação a B e D. Solicita, então, que C se coloque na frente de A e que D faça o mesmo em relação a B (Figura 3). Pede que A e B se olhem e digam o que veem. As respostas serão, certamente, que estão vendo "suas mochilas". O diretor questiona A e B sobre como poderão conhecer-se se o que estão vendo são suas histórias, carregadas de preconceitos. Permite que os participantes procurem uma maneira de se enxergar mais claramente. Se tentarem se livrar de alguma forma das "mochilas", o diretor deverá questioná-los sobre a possibilidade real de se "livrar" de tais conteúdos.

Espera que percebam que tais conteúdos sempre estão presentes, e que é necessário um processo de conhecimento autocrítico para que as "mochilas" sejam, simbolicamente, colocadas de lado (Figura 4), separando o que pertence a cada um, para que possam conhecer-se de forma mais "limpa", menos carregada possível de conteúdos pessoais preexistentes.

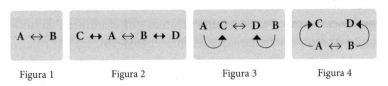

Figura 1   Figura 2   Figura 3   Figura 4

---

9. A imagem descrita a seguir trata-se de uma adaptação feita pela autora deste trabalho, com base em uma imagem criada pelo dr. Dalmiro Bustos.

O diretor agradece aos educadores que participaram da construção da imagem e solicita que retornem a seus lugares, introduzindo verbalmente o conceito de *imprinting* de Morin e os conceitos de conserva cultural, tele e transferência de Moreno, bem como a explicação da maneira como valores e sentimentos anteriormente aprendidos podem, de forma não consciente, interferir em um processo relacional, levando a erros e distorções que podem conduzir a frustrações, desencantos e desentendimentos.

O diretor procura levar o grupo a relacionar os conceitos aprendidos a situações por eles experienciadas em sala de aula.

Após explorar as situações trazidas pelos professores, o diretor justifica o porquê de ter iniciado os trabalhos de tal forma. Explica ter utilizado o momento da apresentação, que necessariamente deveria acontecer, com vários objetivos: para propiciar, logo de início, um clima descontraído e de cumplicidade no grupo, para que a equipe se mostrasse aberta a uma relação mais próxima e horizontal, fornecendo um modelo de relação em que a exposição não fosse ameaçadora e, em função do pouco tempo, para já levar o grupo a construir um conceito por meio de uma metodologia que trabalhasse o conteúdo de dentro para fora e do livre para o lógico, sensibilizando-os para a importância de um trabalho reflexivo de autoconhecimento e de autocrítica.

Segunda atividade
O grupo é convidado a apresentar-se.

AQE – O diretor explica que seria muito interessante que todos pudessem apresentar-se livremente, mas que em função da limitação de tempo solicitará que as apresentações sigam um roteiro mínimo que inclua: nome, idade, estado civil, um hobbie, profissão (qual matéria leciona, em qual instituição), o local em que atua e uma característica pessoal como educador. Estabelece que cada apresentação não poderá ultrapassar dois minutos e que o tempo será controlado pelo colega sentado ao lado, que para isso receberá uma ampulheta.[10]

DRAM – O grupo se apresenta. Durante as apresentações, os egos-auxiliares anotam as informações fornecidas por cada um em uma etiqueta autocolante que deve ser posteriormente colada abaixo da anterior, de forma que todos mantenham seus dados disponíveis no crachá.

COM – O diretor pergunta se alguém quer saber algo mais sobre algum colega ou se alguém quer fazer algum comentário sobre a forma de apresentação.

Terceira atividade
AQE – Após os comentários, o diretor solicita que os participantes exponham, de forma concisa, o que os levou a se inscrever no curso, esclarecendo que cada um terá o tempo limite da queima de um palito de fósforo grande para se colocar.

DRAM – As expectativas dos participantes são colocadas e vão sendo anotadas no quadro negro, *flip chart* ou qualquer meio de comunicação comunitário.

COM e PROC – O diretor apresenta os objetivos comparando-os às expectativas levantadas, explicando a relevância do tema a ser desenvolvido no workshop e as principais características do método a ser utilizado. Neste momento, o diretor introduz a noção de homem como ser complexo e de seu papel como coconstrutor do cosmo.

---

[10]. O fato de o tempo ser controlado com uma ampulheta que fica na mão de um colega tem como objetivo fazer que o próprio grupo comece a aprender a gerenciar seu tempo, colocando entre si os limites, independentemente do diretor.

O diretor propõe ao grupo um intervalo de dez minutos para em seguida iniciar a atividade seguinte.

Segundo módulo – As incertezas relacionais
Objetivos
- Pesquisar por meio de atividade dramática como os participantes interiorizaram a relação educador-educando – a percepção de si mesmo no papel e no contrapapel.
- Levar os participantes a entrar em contato com a matriz do papel de educador interiorizada em cada um, propiciando que venham à tona sentimentos e valores que possam estar em estado coinconsciente, elaborando a aceitação ou não deles e as consequências em seu *setting* educativo.
- Propiciar a identificação dos participantes uns com os outros por meio da percepção de sentimentos comuns, facilitando, assim, cada vez mais, a integração e a aceitação de valores ou sentimentos tidos como inaceitáveis no papel.
- Refletir sobre o novo, o incerto, o imponderável nas relações humanas e a necessidade de estar aberto à criação de novas respostas.

Conceituação envolvida
1. As cegueiras do conhecimento relacional:
   - *Imprinting* = conserva cultural.
   - Tele, transferência, projeção.
2. O homem como ser complexo: a consciência de que o ser humano funciona sob um circuito que integra razão, afeto e emoção.
3. Exame autocrítico: a importância da vigilância sobre si mesmo, o aprimoramento da autopercepção, maior conhecimento e aceitação de seus sentimentos e valores.
4. Percepção do outro e das inter-relações.
5. Enfrentar as incertezas relacionais: o novo e imprevisível nas relações e a compreensão de que toda ação é uma decisão,

uma escolha que implica a consciência do risco e da incerteza dos resultados.

Material necessário
Equipamento de som com músicas suaves, preferencialmente não populares[11], e quadro para anotações.

Primeira atividade[12]
O diretor aguarda o retorno de todos.

AQI – O diretor explica que agora farão uma atividade cujo objetivo é explorar os sentimentos e valores interiorizados em cada um no que diz respeito à relação educador–educando.

AQE – O diretor solicita que todos fiquem em pé e comecem a andar pela sala em silêncio, primeiro observando o local em que estão e depois a si mesmos. Pede que tentem tomar consciência de cada parte de seu corpo, tentando sentir os pontos mais tensos e contraídos, procurando alongar e relaxar. O diretor lentamente vai nomeando partes do corpo. A sequência utilizada pode ser: testa, olhos, maxilar, língua, pescoço, ombros, braços, mãos, peito, quadril, pernas e pés. Ao final, solicita que tentem perceber seu corpo como um todo, identificando e procurando soltar as partes que ainda estejam sentindo presas ou doloridas.

Pede, então, que se sentem em uma posição bastante confortável e que fiquem, preferencialmente, com os olhos fechados, para facilitar o contato consigo mesmos. Explica que farão uma

---

[11]. A seleção musical deve propiciar um clima favorável à revivência de situações e sentimentos relacionados ao tema desenvolvido, não devendo, portanto, ser muito conhecida, para não eliciar nos participantes recordações que os desviem do objetivo do trabalho.
[12]. Todas as atividades propostas neste módulo foram desenvolvidas pela autora deste trabalho com base em recursos e técnicas psicodramáticos.

"viagem no tempo", procurando sentir e reviver momentos de suas histórias escolares.

O diretor inicia a condução falando em voz baixa e pausada, dando um tempo entre cada situação descrita, para que os participantes possam visualizá-las internamente e acessar os sentimentos que surgirem:[13]

"Estou indo para a escola pela primeira vez...
Estou indo sozinho ou tem alguém me acompanhando? Quem está me levando?
Como é a escola? Grande, pequena...?
Como estou me sentindo?
A pessoa que me acompanhou até aqui está indo embora. Como me sinto?
Estou vendo várias crianças... Qual é meu sentimento?
Agora, encontro minha primeira professora. Como se chama? É bonita, feia? O que acho dela?
E os colegas? Como me sinto com eles?
Com quem fico no recreio?
Estou conseguindo aprender o que a professora está ensinando?
O tempo está passando....
Já estou no quinto ano...
Estou gostando da escola?
Gosto de aprender?
E a professora? Agora já tive várias, como me sinto em relação a elas?
Terminei um ciclo... Estou começando o sexto ano.
Estou na mesma escola ou mudei?
Como é ter tantos professores e tantas matérias?
O que estou gostando mais de aprender?
Nono ano... Terminando mais um ciclo...
Quais são meus sentimentos?

---

[13]. Esta atividade deve ser sempre conduzida no tempo presente para facilitar que os sentimentos mobilizados possam emergir no "aqui e agora" do trabalho dramático.

Em quais matérias tenho tido mais facilidade? E em quais tenho mais dificuldade?
Quais os professores de que mais gostei? Por quê?
E os de que menos gostei? Por quê?

Minha primeira formatura...
Terá festa? Como será? Onde será?
Quem está presente?

Agora estou no ensino médio: científico, clássico, magistério, colegial...
Estou na mesma escola? Mudei?

Como é para mim, jovem adulto, estar sentado por horas, assistindo a aulas?
E meus professores? Como eu os vejo? Como eles me veem?
Como eu os trato e como sou tratado por eles?
Existem muitas diferenças entre eles?
Com qual ou quais deles me sinto melhor? Por quê?
Com qual ou quais deles me sinto pior? Por quê?
Estou terminando outro ciclo...

Estou diante de minha escolha profissional.
Já tenho claro o que quero? Estou em dúvida? Qual é minha escolha?
O vestibular...
Para que estou prestando? Onde?

Sai o resultado. Fui aprovado!
Como estou me sentindo?
Quais as minhas expectativas?

Chega o primeiro dia de aula....
Tem trote?
Como estou me sentindo agora, como universitário?
Já estou no final do segundo ano, praticamente na metade do curso. Como me sinto?

O curso está atingindo minhas expectativas?
Como são as aulas, as matérias, os professores?
Muitos desses professores têm a formação que almejo. Como eu os percebo?
Como é meu relacionamento com eles?

Último semestre do último ano.
Estou praticamente formado.
Como avalio o curso que escolhi e agora estou concluindo?
Cumpriu minhas expectativas?
Quais as matérias que mais contribuíram para minha formação?
E quais os professores? Por quê?
Valeu?

Festa de formatura.
Olhando para todos os professores e colegas, como me sinto?

Agora, que a festa acabou, paro e começo a refletir: acabo de concluir, talvez, minha última etapa de aprendizado em escolas formais.
Olhando para trás, como foi ter sido aluno por todo esse tempo?
Com qual imagem eu saio dos professores?
Como vejo, hoje, a relação professor-aluno, baseado nessas experiências?"[14]

O diretor sugere que os participantes lentamente comecem a espreguiçar e a abrir os olhos.

DRAM – O diretor pede que, sem que se comuniquem, os participantes caminhem para o centro da sala formando um círculo em que todos fiquem voltados para fora. Então solicita que cada um tente simbolizar mentalmente o sentimento que ficou da rela-

---

[14]. Esta vivência de interiorização é propositadamente focada no papel de aluno visando diminuir as resistências de exposição no papel de professor e aquecer os participantes para um trabalho de tomada do papel de aluno, seu contrapapel atual, por meio de possibilidade de identificação.

ção professor-aluno. Explica que devem sentir-se como artistas plásticos que têm em mãos uma porção de argila que pode ser modelada, criando uma estatueta cujo título será: "A relação professor-aluno". A precisão da estatueta é importante, pois quem a olha precisa identificar, claramente, qual sentimento ela representa. Exemplifica falando sobre a escultura de Rodin, "O pensador", na qual todos veem o indivíduo pensativo.

O diretor prossegue, solicitando que aqueles que tiverem a ideia da escultura clara na cabeça voltem-se para o centro do círculo. O diretor deve aguardar até que todos estejam voltados para dentro do círculo, tendo assim a clara indicação de que todos terminaram. Quando todos terminam, ele fornece a matéria-prima para a execução.

O diretor chama os egos-auxiliares e pede que se coloquem no centro do círculo formado pelos professores. Explica que os auxiliares servirão como matéria-prima para as esculturas. Movimentando, com suas mãos, os corpos dos egos e colocando-os em diferentes posições, o diretor diz que se trata de uma matéria extremamente maleável, que pode ser moldada de acordo com seus desejos.

Ele também explica que todos terão a oportunidade de se manifestar mostrando suas criações e que, portanto, a ordem de apresentação não importa. Devem escolher um dos egos para representar o professor e o outro para representar o aluno.

As esculturas devem ser realizadas uma a uma. A cada escultura realizada, o diretor deve pedir que o(a) autor(a) olhe-a de longe e diga se seu sentimento realmente está ali representado. Em seguida, deve solicitar que todos os demais olhem bem para a obra, tentando captar o sentimento que está ali expresso.

COM – Após a execução de todas as esculturas, o diretor deve solicitar que cada um expresse, em no máximo uma ou duas palavras, o sentimento mais forte que ficou depois da apreciação de todas as esculturas apresentadas. Um dos egos-auxiliares anota no quadro os sentimentos mencionados.

Segunda atividade
AQE – Uma vez expressos e anotados todos os sentimentos, o diretor pede ao grupo que os leia com atenção e verifique a possibilidade de subdividi-los, por aproximação, em quatro categorias. O grupo deve participar ativamente fazendo a subdivisão, que será anotada pelos egos-auxiliares.

Uma vez concluída a tarefa, o diretor aponta para quatro cantos da sala, atribuindo a cada espaço uma das categorias criadas pelo grupo. Solicita, então, que os participantes caminhem para o espaço que está mais de acordo com a categoria com a qual mais se identificam naquele momento.

Os egos são orientados a se distribuir pelos subgrupos formados, explorando e compartilhando os sentimentos vivenciados e auxiliando-os, posteriormente, a criar uma nova e única cena ou imagem que reflita os sentimentos daquela categoria.

DRAM – Tendo os subgrupos concluído as imagens ou cenas, o diretor solicita que voltem a formar um único grupo, sentando em círculo. Então ele pede que cada subgrupo, um de cada vez, se dirija ao centro e apresente a imagem criada. Neste momento, o diretor deverá explorar as imagens ou cenas apresentadas por meio das técnicas psicodramáticas, procurando esclarecer os sentimentos emergentes.

COM – O diretor solicita que os participantes compartilhem seus sentimentos relacionados com a atividade, desde o momento que reviveram as experiências como alunos na relação com seus professores e todas as etapas posteriores: o momento em que expressaram seus sentimentos por meio das imagens individuais, a sensação de ver os sentimentos expressos no quadro, a hora que se identificaram com uma das categorias, o compartilhamento nos subgrupos, a montagem da imagem final e a vivência do trabalho realizado com todas as imagens criadas.

Neste momento, o diretor, além de incentivar e permitir que os sentimentos sejam expressos e compartilhados, deve estar atento em ir colhendo os depoimentos que lhe permitirão fazer o processamento teórico final, amarrando a teoria com os sentimentos e as experiências de sala de aula que estão sendo trazidos espontaneamente.

PROC – O diretor deve procurar refletir com os participantes a influência dos modelos experienciados como alunos no passado em seus papéis atuais de educadores e ajudá-los a perceber que, muitas vezes, eles podem estar reproduzindo modelos interiorizados (conservas culturais, *imprintings*) nem sempre adequados à situação e a si mesmos. Isso ajuda a compreender quanto é necessário um trabalho de conhecimento autocrítico e de liberação da espontaneidade para que se possa ser flexível, adaptando-se a cada situação, na medida em que cada relação é única e sempre nova.

Um dos objetivos do diretor é levar os participantes a pensar nos valores que adquiriram acerca da conotação rígida em relação aos sentimentos: existem sentimentos que sempre são ruins? Alguns deles não devem surgir? Existem sentimentos que sempre são bons e adequados? Dessa forma, o diretor introduz a reflexão sobre o enfrentamento do novo, quais sentimentos a incerteza provoca e sobre a tendência a se repetir respostas aprendidas anteriormente como corretas, independentemente do contexto e dos sujeitos envolvidos.

Ao final, o diretor deve permitir que o grupo faça os comentários que julgue pertinentes, encerrando o módulo. Combina uma pausa de uma hora para o almoço, quando todos devem retornar para a realização das demais atividades programadas para o dia.

Terceiro módulo – O ensino da compreensão

Objetivos

- Propiciar a retomada da revisão autocrítica de seus próprios sentimentos e valores referentes à relação educador-educando.
- Conduzir a uma percepção maior dos sentimentos do aprendiz e de suas reações às ações do educador.
- Vivenciar e refletir sobre a comunicação educador-educando no processo de ensino/aprendizagem, com especial ênfase na necessidade do professor de poder colocar-se no lugar do aluno, compreendendo seu real potencial e suas dificuldades.
- Refletir sobre o novo, o incerto e o imponderável nas relações humanas, além da necessidade de estar aberto à criação de novas respostas.
- Propiciar a identificação dos participantes uns com os outros por meio da percepção de sentimentos comuns, facilitando, assim, a integração e a aceitação de valores ou sentimentos tidos como inaceitáveis no papel.

Conceituação envolvida

1. As cegueiras do conhecimento relacional:
   Imprinting = conserva cultural.
   Tele, transferência, projeção.
2. O homem como ser complexo: a consciência de que o ser humano funciona sob um circuito que integra razão, afeto e emoção.
3. Exame autocrítico: a importância da vigilância sobre si mesmo, o aprimoramento da autopercepção, um maior conhecimento de seus sentimentos e valores.
4. Percepção do outro e das inter-relações.
5. Enfrentar o novo.
6. O ensino da compreensão:
   - Em relação a si mesmo. Aceitar que se é sujeito a erros, que não se tem sempre a melhor resposta e que não adianta mentir para si mesmo. Tomar consciência da falibilidade.

- Em relação ao outro. Uma reflexão que busque a possível separação do si mesmo com seus valores à procura do entendimento do outro, evitando prejulgamentos. Uma tentativa de evitar a pronta condenação do outro.

Material necessário
- 1 garrafa de água;
- 1 copo;
- Quadro.

Atividade[15]

AI – O diretor procura aquecer o grupo para que saia do contexto social de onde está vindo e entre no contexto grupal novamente, realizando um resgate verbal das atividades e dos conceitos desenvolvidos no período da manhã. Solicita comentários e elaborações realizadas.

AE – O diretor introduz a atividade seguinte explicando que a proposta é de que participem de um jogo que consiste em ensinar um extraterrestre (ET) a beber água.

O diretor fornece as regras do jogo contando que um grupo extraterrestre veio à Terra para realizar uma missão. Após o término da tarefa exploratória, o grupo voltou para seu planeta, à exceção de um indivíduo que se distraiu e perdeu o embarque na nave. Ele ficou sozinho na Terra e passou a sentir muita sede, embora não conseguisse identificar essa necessidade pois, em seu planeta, não sentia sede.

Adverte o diretor que embora o ET seja uma criatura muito inteligente, com grande capacidade de aprendizado, somente

---

[15]. A atividade central deste módulo provém de uma adaptação da autora de um recurso utilizado em dinâmica de grupo visando à sensibilização para problemas de comunicação. A autoria do jogo é desconhecida.

conhece quatro expressões de nosso idioma: *em cima, embaixo, direita e esquerda*. Frisa que o ET é muito "vivo", e que pode aprender o que for a ele ensinado.[16]

Explicita, finalmente, que o trabalho do grupo é o de ensinar o ET a beber água. Esclarece que se trata de uma atividade que precisa da participação de todos, tendo cada um uma função. Pede que um voluntário se prontifique a fazer o papel de ET e que outro se proponha a fazer o papel de professor.

Aguarda a manifestação dos participantes e, uma vez tendo dois voluntários para os papéis, pede que eles fiquem no meio do círculo. Dispõe, então, duas carteiras no centro da sala, uma de costas para a outra. Em cima do apoio de braço de uma delas, coloca uma garrafa de água mineral e um copo. Orienta o ET a sentar-se na carteira onde estão dispostas a garrafa e o copo, e o professor a sentar-se na outra. Esclarece que o professor não pode ver nem tocar o ET.

A função do grupo é a de ser os olhos do professor: o grupo pode ver o ET e comunicar ao professor o que ele está fazendo, sugerindo instruções. O ET, no entanto, só obedece às ordens dadas pelo professor.

O jogo somente termina quando o ET abre a garrafa, enche o copo com água e bebe.

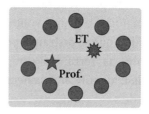

Figura 5. Participantes se organizam em círculo ao redor do professor e do ET.

---

16. O diretor propositadamente não explicita que o ET pode aprender novas palavras. Deixa a informação subentendida quando diz que ele é muito inteligente e tem grande capacidade de aprendizado. O grupo deve perceber, por si só, durante a atividade, que ele pode aprender novas palavras.

Enquanto a diretora responde às questões levantadas pelo grupo, em um dos cantos da sala um dos egos-auxiliares deve orientar o ET, aquecendo-o para entrar no papel. O ego-auxiliar sugere ao participante que desempenhará o papel de ET que procure sentir, pensar e agir como um ET que está tendo uma necessidade desconhecida e que em princípio só conhece quatro expressões. Explica que tem capacidade de aprender e que pode explorar o ambiente, sem, no entanto, sair do lugar. Deve obedecer somente às instruções dadas pelo professor e segui-las literalmente, conforme forem sendo dadas. Não deve fazer nada do que for ordenado que esteja fora de seu vocabulário, pois não pode compreender.

DRAM – O jogo começa. O diretor pode interferir, "congelando[17]" a cena caso as regras deixem de ser seguidas ou em caso de muita dificuldade, por parte do grupo, de perceber que pode "ensinar" novas palavras ao ET. Nesse caso, o diretor não deve explicitar, mas procurar levar o grupo a perceber, repetindo que ele é inteligente e pode aprender.

Na medida em que novas palavras forem sendo ensinadas e aprendidas, um dos egos-auxiliares deverá ir anotando as palavras novas no quadro para que o grupo se oriente.

O diretor pode, em alguns momentos, solicitar que os papéis sejam trocados: um dos participantes pode assumir o papel de professor ou de ET, ou mesmo ET e professor podem inverter as posições. Essas intervenções podem facilitar o andamento do jogo por propiciarem, concretamente, a vivência do papel do outro. Podem ocorrer tantas trocas quanto o diretor julgar conveniente ou o grupo solicitar.

---

[17] Congelar uma cena significa pedir que a cena seja interrompida para que seja realizada alguma intervenção por parte do diretor. Uma vez terminada a intervenção, ocorre o descongelamento, ou seja, a cena é retomada do ponto em que parou.

O diretor pode ainda congelar a cena para pedir um solilóquio[18] ou realizar um duplo[19] de qualquer participante, recursos técnicos que podem auxiliar a compreensão do outro, possibilitando, consequentemente, mudanças de atitude.

COM – Nos comentários, o diretor deve explorar como foram vivenciados os papéis de auxiliares de professor, de professor e de ET, trabalhando os sentimentos advindos da complexidade da tarefa. Deve procurar levar os participantes a perceber que a maior dificuldade é tomar o papel do outro e compreendê-lo, ao contrário de querer impor suas ideias. Deve levá-los a refletir, baseados no que foi vivenciado, sobre quais sentimentos as atitudes autoritárias, impositivas, não compreensivas podem suscitar em ambos, professor e aprendiz, e as consequências na inter-relação. Finalmente, deve procurar vincular as situações e os sentimentos vividos durante a realização do jogo às suas práticas educativas.

PROC – No processamento, o diretor deverá retomar as noções trabalhadas nos módulos anteriores, como: o *imprinting* (conservas culturais) que pode embaçar a percepção da realidade; a consciência do circuito que integra razão, afeto e emoção; a necessidade do aprimoramento da autopercepção, bem como da percepção do outro e das inter-relações, e o enfrentamento do novo. Essa retomada deve ter como finalidade reforçar as ideias anteriormente discutidas, integrando-as, de forma a garantir o entendimento do foco principal desse módulo, que consiste no ensino da compreensão ou da importância da tomada de papel do outro, no processo de ensino e aprendizagem.

---

18. Solilóquio: uma das técnicas psicodramáticas, em que o diretor solicita ao protagonista que fale em voz alta o que pensa ou sente naquele momento.
19. Duplo: técnica psicodramática utilizada quando o protagonista não pode ou não consegue expressar pensamentos ou sentimentos. O ego-auxiliar coloca-se ao lado do protagonista e na mesma atitude corporal e procura falar ou agir por ele.

Ao término do processamento, o diretor estabelece um intervalo de dez minutos.

Quarto módulo – O *homo sapiens-demens*
Objetivos
- Conscientizar os participantes de que uma comunicação envolve conteúdos formais, racionais, afetivos e emocionais, elaborando a importância de cada uma dessas instâncias no processo de ensino e aprendizagem.
- Aproximar os conteúdos que no módulo anterior foram trabalhados no plano da fantasia à realidade vivida em sala de aula.
- Avaliação do programa.

Conceituação envolvida
1. As cegueiras do conhecimento relacional:
   - *Imprinting* = conserva cultural.
   - Tele, transferência, projeção.
2. Exame autocrítico: a importância da vigilância sobre si mesmo, o aprimoramento da autopercepção, maior conhecimento de seus sentimentos e valores.
3. Percepção do outro e das inter-relações.
4. Enfrentar o novo.
5. O ensino da compreensão: em relação a si mesmo e ao outro: "A compreensão não desculpa nem acusa".[20]
6. O *homo sapiens-demens*: o homem como ser complexo. A consciência de que o ser humano funciona sob um circuito que integra razão, afeto e emoção.

---

[20] Edgar Morin, *Meus demônios* (2002), p. 91.

Primeira atividade[21]

AQI – O diretor propõe, como última atividade do dia, um trabalho que foca um momento que faz parte do cotidiano da relação educador-educando e que é de grande importância, já que está relacionado à mudança de comportamento: o retorno ou *feedback*.

No aquecimento, o diretor correlaciona o tema *feedback* com a vivência no jogo do ET e comenta que existem diferentes possibilidades de se dar retornos: algumas são mais eficientes que outras, mas algumas são prejudiciais.

Ele retoma a noção anteriormente explorada de que o ser humano possui duas dimensões, a racional e a emocional, e que ambas têm igual valor. As ações humanas podem ser ora comandadas por uma, ora por outra dessas dimensões, porém não há hierarquia entre as duas e ambas estão sempre presentes. Um engano frequente é pensar que é possível impedir o surgimento da dimensão afetiva e que sua presença é, necessariamente, prejudicial a um bom desempenho.

Por fim, o diretor expõe quanto o homem pode ser levado a erros em função de conteúdos e sentimentos aprendidos e interiorizados, e a importância de estar sempre procurando refletir de forma crítica sobre suas ações para que a dimensão afetiva possa, ao contrário de embaçar, iluminar a razão.

Quando um educador dá uma devolutiva a um educando, as duas dimensões estão necessariamente presentes em ambos e a combinação delas é um dos fatores determinantes para um resultado melhor ou pior.

AQE – O grupo se divide em quatro subgrupos. O diretor já deve ter em mãos quatro folhas de papel para cada subgrupo anotar a sugestão de uma forma de devolutiva, pareando conteúdos e sentimentos:

---

[21]. A atividade descrita a seguir foi criada pela autora deste trabalho, baseada no artigo de Kleber Nascimento, "*Feedback*: comunicação interpessoal eficaz" (1977).

1. Verdade – Amor
2. Verdade – Desamor
3. Falsidade – Amor
4. Falsidade – Desamor

Cada subgrupo terá a orientação de um ego-auxiliar, que entregará uma folha de papel sugerindo uma combinação entre conteúdo e forma de promover uma devolutiva.

Os egos, nos subgrupos, retomam brevemente as explicações feitas pelo diretor a respeito de *feedback* e explicitam que a tarefa é discutir a maior ou menor eficácia de um retorno baseado no modelo que lhes foi fornecido e, posteriormente, pensar em situações, vividas por eles ou não, de retorno para alunos com aquelas características. Uma vez elencadas algumas situações, os subgrupos devem selecionar uma para dramatizar perante os colegas, que tentarão identificar o modelo representado e discutir o resultado.

DRAM – Os subgrupos apresentam as cenas[22] eleitas. Depois de cada apresentação, o diretor solicita que os demais participantes procurem identificar qual foi o modelo representado e como perceberam o resultado provocado no aluno. Quando todas as cenas forem apresentadas e discutidas, o diretor volta a trabalhar no contexto grupal, promovendo os comentários.

COM – O diretor estimula o grupo a discutir os quatro modelos apresentados para refletir quanto as emoções estão presentes em suas ações e quanto podem facilitar ou dificultar o desempenho de professores e alunos, frisando a necessidade de um trabalho constante de autoconhecimento.

---

[22]. Uma vez escolhidas as situações, o grupo irá representá-las. Essa representação denomina-se "cena".

PROC – O processamento é voltado para mostrar mais uma vez a importância da avaliação crítica das ações, buscando identificar os modelos, os valores e os sentimentos interiorizados (*imprintings* e conservas culturais) que dificultam emitir respostas novas e adequadas às situações (espontaneidade), levando a repetições muitas vezes inadequadas (conservas culturais) ao novo e inesperado que sempre surge nas relações humanas e na vida. O trabalho constante de autoconhecimento propicia a tomada do papel do outro com a consequente compreensão.

A atividade é finalizada com a frase de Morin: "A compreensão não desculpa nem acusa".[23]

Segunda atividade
Avaliação do programa desenvolvido

Material necessário
Uma folha de papel sulfite e uma caneta para cada participante.

O diretor solicita a cada participante que escreva uma pequena carta a outro educador que não tenha participado do workshop, na qual relatará brevemente as impressões que teve sobre o encontro que está por terminar.

Depois de todos terminarem de escrever, o diretor solicita que cada um leia sua carta em voz alta. Terminada a leitura, o diretor pergunta se desejam fazer mais algum comentário e finaliza o trabalho com os agradecimentos da equipe.

---

23. *Meus demônios* (2002), p. 91.

3. Uma vivência

> *A sabedoria não nos é dada. É preciso descobri-la por nós mesmos, depois de uma viagem que ninguém nos pode poupar de fazer por nós.*
>
> (Marcel Proust)

O OBJETIVO DESTE CAPÍTULO é apresentar o relato de um workshop realizado e as avaliações feitas pelos participantes de dois eventos (a intervenção aqui relatada foi realizada com dois grupos da mesma instituição) com a finalidade de tornar mais fácil a compreensão do projeto, bem como ilustrar sua receptividade com os participantes, apresentando, ainda, uma primeira apreciação dos possíveis resultados.

CONSIDERAÇÕES GERAIS

O projeto foi desenvolvido na prática por meio de dois workshops resultantes da solicitação do departamento de Recursos Humanos de uma universidade que pretendia promover um amplo treinamento, envolvendo várias práticas, destinado aos professores que vinham recebendo avaliações desfavoráveis por parte do corpo discente e das respectivas coordenações. Esses workshops fizeram parte, portanto, de um trabalho mais amplo.

Em reunião com o responsável pelos Recursos Humanos da universidade, foi ponderada a possibilidade de abri-los a todos os professores interessados, realizando um convite especial aos que haviam sido selecionados anteriormente, o que foi aceito. Dessa forma, o trabalho foi realizado com professores que se inscreveram voluntariamente e com professores indicados pelos coordenadores. A equipe que desenvolveu o projeto optou por não saber quais eram os professores indicados.[24]

Foram então realizados dois workshops com dois grupos diferentes formados por participantes que se inscreveram diretamente no departamento de Recursos Humanos, que se encarregou de sua divulgação. Aconteceram em dois sábados, com duração de oito horas cada, com intervalo de 15 dias entre eles.

Cada workshop teve uma equipe de trabalho formada pela autora do projeto na direção e mais quatro profissionais em fase final da formação psicodramática e treinados para atuar como egos-auxiliares.

A equipe do primeiro workshop foi composta por:
Diretora: Rosa Lidia Pacheco F. Pontes.
Egos-auxiliares: Claudia Trad, Cléia Palome, Daniela Gutierrez e Maria Aparecida Ferracin.

A equipe do segundo workshop foi composta por:
Diretora: Rosa Lidia Pacheco F. Pontes.
Egos-auxiliares: Alessandra Nogueira, Ednéia Renó, Flávia Rosa, Jorge Onodera.

Esteve também a cargo dos egos-auxiliares o apontamento escrito dos workshops realizados, sendo que cada módulo foi registrado por um dos membros da equipe. Dessa forma, todo o trabalho aqui relatado constitui-se de transcrição dos registros efetuados.

Durante toda a execução dos dois trabalhos, esteve presente um profissional do departamento de Recursos Humanos contratante, que tinha como função observar o desenvolvimento das atividades e cuidar da infraestrutura necessária.

Nesse momento, já que o objetivo é apenas fornecer ao leitor uma visão de como o planejamento descrito no capítulo anterior

---

[24]. Esta postura foi adotada visando dificultar o surgimento de sentimentos que pudessem determinar atitudes preconceituosas.

pôde ser viabilizado de forma concreta e de como os professores responderam a cada uma das atividades propostas e ao projeto como um todo, será relatado como exemplo apenas o primeiro workshop realizado. Do segundo trabalho serão somente transcritas as avaliações feitas pelos participantes. Ao final, será colocada a apreciação realizada pelas equipes após a conclusão dos dois workshops.

Para evitar repetições desnecessárias que podem tornar a leitura cansativa, não estão descritos, novamente, os objetivos e conceitos envolvidos em cada módulo[25], bem como as atividades, as orientações e os processamentos do diretor. O relato restringe-se à participação e aos comentários dos participantes nas atividades propostas.

RELATO COMPLETO DE UMA APLICAÇÃO

Dezenove docentes estavam inscritos para o workshop. No horário estabelecido para o início, apenas três estavam presentes. Apesar da orientação de que o trabalho deveria iniciar com qualquer número de presentes, a direção do trabalho argumentou que em função da proposta necessitava do quórum mínimo anteriormente estabelecido para começar.

Os participantes foram chegando aos poucos e, somente 40 minutos depois do horário marcado, quando o décimo participante chegou, o workshop pôde começar. Durante a primeira atividade, mais dois professores chegaram, totalizando 12 participantes. No intervalo para o almoço uma das participantes, muito gripada, pediu licença para sair e no início do terceiro módulo chegou mais um professor, mantendo-se, assim, o total de 12 pessoas em todas as atividades.

---

[25]. Descritos anteriormente, no Capítulo 2, que explica o planejamento do projeto.

PRIMEIRO MÓDULO

Primeira atividade: apresentação da equipe e
"As cegueiras no conhecimento relacional"

Formaram-se três duplas e dois trios por proximidade física. Cada membro da equipe se dirigiu a um dos subgrupos, ficando bem próximo, caminhando, sorrindo, enfim, permitindo ser observado, e saindo em seguida para que os participantes se sentissem à vontade.

Passado o tempo determinado, a diretora, certificando-se de que todos os subgrupos haviam concluído a tarefa, solicitou que se formasse um único círculo e que cada subgrupo contasse o que havia concluído. O grupo como um todo optou que primeiro fosse falado tudo que havia sido acordado sobre o membro da equipe observado, o qual, em seguida, se apresentaria.

Durante toda a apresentação, o grupo se mostrou bastante interessado, verificando os acertos e erros perceptuais ocorridos na realização do exercício.

Ao final das apresentações, a diretora chamou a atenção do grupo para observar alguns pontos em que a percepção dos participantes não conferiu com a realidade exposta pelo membro da equipe que havia sido observado (ela procurou salientar uma distorção por subgrupo), indagando o que os havia levado àquela conclusão. Exemplos: D foi vista como bem mais velha: a dupla que a observou avaliou sua idade entre 35 e 36 anos quando, na realidade, tinha apenas 28 anos à época. Cl foi vista como uma psicóloga divorciada cujo marido não pagava pensão e que tinha de batalhar muito para sustentar seus três filhos. Na verdade Cl é médica, casada e tem uma situação econômica confortável. Por fim, a diretora foi avaliada como rígida e muito brava.

Quanto a D, o grupo concluiu que ela usava roupas muito formais, "típicas de pessoas mais velhas". Cl também foi avaliada pela forma como se vestia (jeans com a barra desfeita e tênis sem calcanhar) e a diretora, pelo porte físico, que segundo a dupla denotava ascendência germânica, foi vista como austera e inflexível.

A diretora pediu que os participantes pensassem em algum – ou alguns – acertos que lhes tivessem chamado a atenção. Um dos participantes disse que gostaria de entender por que a dupla responsável por apresentar a diretora havia dito que ela tinha se formado pela PUC-SP, tendo os demais concordado que se tratava de uma percepção curiosa. A dupla respondeu que o pessoal da PUC-SP nunca perdia seu jeito de ser: a pose. A diretora pediu que explicassem melhor, e responderam que os "puquianos" pertenciam a uma elite intelectual e econômica e que isso transparecia.

Com base nesses dados, a diretora começou a discutir como os valores interiorizados de cada indivíduo emergem no momento em que se entra em contato com outras pessoas. O grupo compreendeu e elaborou o novo conhecimento trazendo exemplos de seu cotidiano. Os participantes demonstravam, pelo modo de falar e expressões, estar, gradualmente, conscientizando-se da importância da percepção com seus erros e acertos nas inter-relações e da necessidade de desenvolver um autoconhecimento maior para minimizar a ocorrência de atitudes preconceituosas.

A diretora aproveitou o momento para levar o grupo a refletir sobre como a percepção do professor pode definir o tom da relação com o aluno, quais valores são carregados para a sala de aula e como podem interferir, não somente na relação humana estabelecida, mas também no ensino/aprendizagem. O grupo discutiu o tema, trazendo situações vividas no cotidiano em sala de aula.

Segunda atividade: apresentação dos participantes

Neste momento, mais um participante chegou. A equipe de coordenação convidou o representante de Recursos Humanos a apresentar-se também, já que estaria acompanhando o grupo durante o dia todo.

A apresentação dos participantes foi descontraída e todos estavam atentos. Quando um colega estava próximo ao final do tempo estabelecido, o anterior sinalizava com humor.

Segue abaixo o relato de como se apresentaram:

- AM – "Sou arquiteta, tenho 40 anos, sou casada e tenho uma filha de 3 anos. Gosto de viajar, praticar esportes (corrida, ginástica), cozinhar para os amigos. Quando atuo na frente da classe sou mais formal, mas quando trabalho em pequenos grupos sinto que a linguagem flui mais fácil e fico mais próxima. Ministro a matéria Planejamento Urbano na Faculdade de Arquitetura e leciono nos três câmpus. Moro em Santos."
- Do – "Sou descendente de italianos, tenho 39 anos e sou virginiano: gosto das coisas certinhas. Sou economista e leciono Macroeconomia na Faculdade de Comércio Exterior. Sou casado e tenho um filho. Toco violão. Minha esposa e eu cantávamos em um coral. Em aula sou muito presente e rígido em alguns momentos. Atuo nos três câmpus."
- Iva – "Tenho 45 anos, sou de escorpião. Sou espanhola e gosto de aprender com a experiência. Sou professora de jogos e dinâmicas. Gosto de ensinar fazendo. Sou também consultora em treinamento e desenvolvimento. Gosto de comer e não faço exercício. Gosto de dançar e minha formação original foi em Matemática."
- Re – "Sou carioca e estou há 15 anos em São Paulo. Sou professor de Recursos Humanos. Tenho 41 anos, gosto de música, viajar e assistir a filmes. Atualmente estou bem caseiro. Como professor, no início, era mais "paizão", mas aos poucos a experiência está me mostrando que preciso cobrar também. Gosto de falar bastante. Minha formação é em Administração de Empresas."
- Ros – "Tenho 43 anos, sou casada, tenho três filhos e dois netos. Trabalho com saúde. Sou sincera demais, mas minha postura como professora é mais rígida. Aos poucos os alunos me sentem mais próxima. Sou realista e cobro muito. Meu entrosamento maior acontece após seis meses, em função da disciplina, que é árida. Trabalho nas três unidades, na Faculdade de Biologia. Leciono Morfologia. Adoro natureza e gosto de brincar com meus netos."

- PS – "Tenho 63 anos e sou economista. Como professor, sou amigo quando precisa e duro quando há necessidade. Minha terapia é trabalhar com marcenaria. Tenho cinco filhos e quatro netos. Minha esposa está terminando sua formação este ano e estamos em uma fase mais espiritualista. Minha disciplina é Planejamento Estratégico."
- An – "Tenho 30 anos e namoro. Estou há dois anos nesta universidade e minha disciplina é Contabilidade nas turmas de Administração. Lido bem com os alunos, mas, quando precisa, sei cobrar. Trabalho com várias faixas de idade. Minha maior característica como professora é a motivação, adoro dar aula. Em minha família todas as mulheres são professoras. Gosto de falar, ter amigos, conversar e viajar. Fui aluna desta universidade."
- Rog – "Não sou professor aqui na Universidade. Estou aqui para representar o RH, mas já fui professor de quinta série até o colegial. Minha formação foi em Administração e fiz pós em Gestão Estratégica em RH. Gosto de estudar e de pessoas. Sou extrovertido e informal. Bem-humorado. Adoro música."
- V – "Sou professora de Educação Física e trabalho na área de saúde. Adoro dançar. Aprendi com meu pai. Tenho 52 anos, sou esportista: nado e jogo. Minha grande missão é mostrar que a música pode ter lugar na escola. Tenho 40 anos em dança e acho que o Brasil precisa mostrar sua cultura. Atuo em apenas um campus."
- J – "Sou formada em Publicidade. Gosto de filmes. Minha característica como professora é que eu gosto de contar piadas e dançar, e o curso em que leciono me permite. Tenho 28 anos e vou me casar em julho, após 12 anos de namoro. Trabalho em apenas um campus."
- Ad – "Sou formado em Comunicação e trabalho na disciplina Publicidade e Propaganda. Gosto muito de dar aulas. Comecei dando aulas de artes marciais e futebol para crianças com histórico de delitos. Gosto muito do que faço. Trabalho nos três câmpus."

- I – "Sou advogada e dou aula na Faculdade de Direito nos três câmpus. Sou formada também em Letras e dou aulas porque gosto. Sou do interior e tudo que mais queria era vir para São Paulo. Gosto de fazer tudo que é bom: ouvir música, praia. Tenho 34 anos e leciono Direito Civil. Não sei uma característica como professora, é melhor perguntar aos alunos. Sou muito crítica comigo mesma, não gosto de faltar, de chegar atrasada, não gosto de reprovar, abonar faltas. No primeiro ano os alunos foram reclamar de mim, mas já no segundo ano começaram a mandar e-mails."

Terceira atividade: levantamento e alinhamento de expectativas
As expectativas foram colocadas rapidamente antes do término do prazo determinado. Foram elas:

- Ad – "Tenho obrigação de saber o que está acontecendo."
- J – "Sempre ajuda em sala de aula."
- V – "Achei o tema interessante. Acho que além do conhecimento teórico pode me dar algo a mais."
- PS – "Quero me atualizar, conhecer técnicas novas. A aula não deixa de ser um palco para o professor."
- Ros – "Aqui foi criado o hábito de se atualizar."
- Re – "Pelo título, acredito que venha agregar. Esta universidade está sempre em busca de conhecimento e experiência que eu não tenho."
- Iva – "Vim pelo tema, por acreditar no autodesenvolvimento, na integração. Privilegio essa coisa de envolvimento."
- Do – "O tema me chamou a atenção. Quero fazer teatro e me aproximar do aluno."
- AM – "Na arte de ensinar não tem diploma. Eu vim na pura intuição e quero melhorar minha didática."
- I – "Quero aperfeiçoar minha didática."

A diretora retomou a condução do trabalho, colocando os objetivos do workshop e explicando que deveriam coincidir com um objetivo maior de sua vida naquele momento. Disse não entender que a formação de professores pudesse ser resumida na posse de determinado conhecimento nem meramente a um curso de licenciatura. Formar um professor, explicou, deveria envolver outras habilidades e capacidades que não somente o conhecimento adquirido racionalmente em livros ou cursos: "O ser humano é muito mais que um ser racional e sua complexidade está presente em todas as inter-relações. Seus demais aspectos, como o lúdico e o emocional, não devem ser negados ou esquecidos, principalmente, quando se fala em educação".

Seu objetivo naquele momento era promover um trabalho que desenvolvesse o papel de professor focando principalmente na relação com os alunos. Disse ter clareza, no entanto, de que o tempo disponível era pequeno para tal empreendimento, mas que acreditava poder contribuir para o desenvolvimento desse papel ao se propor a sensibilizá-los, despertando-os para a importância de uma reflexão crítica das atitudes em sala de aula.

Quanto à metodologia utilizada, esclareceu que não pretendia "dar aula" sobre o assunto, mais uma vez privilegiando a razão em detrimento da emoção. A proposta, explicou, estava calcada em utilizar recursos que pudessem levá-los a um reconhecimento maior de si mesmos, seus sentimentos e valores, bem como os de seus alunos, com o objetivo de sensibilizá-los para a relação, tão importante e delicada, de professor e aluno.

SEGUNDO MÓDULO – INCERTEZAS RELACIONAIS
Primeira atividade: construção individual de imagens
representando a relação professor-aluno
Autoconhecimento na relação professor-aluno
Em seguida ao início desta atividade chegou mais um participante que foi colocado a par do que já havia sido realizado e convidado a integrar-se ao grupo. O grupo manteve-se bastante atento

durante todo o exercício, sem conversar, realmente tentando perceber os sentimentos expressos. Segue uma descrição das imagens criadas:

- Ad – Coloca professor e aluno frente a frente, cumprimentando-se com as mãos.
- Ros – Professor com a mão levantada e estendida para a frente. Aluno em frente ao professor, com os braços estendidos e abertos.
- Re – Professor e aluno de frente um para o outro, ambos com os braços estendidos para o alto, dando-se as mãos acima da altura da cabeça. Os olhos de ambos estão fixos nas mãos entrelaçadas.
- J – Professor e aluno lado a lado de mãos dadas caminhando para a frente. O professor fica um passo à frente do aluno.
- AM – Professor e aluno frente a frente. O professor, com um braço estendido para a frente e para o lado, olha, fixamente, para o aluno. O aluno, com os dois braços estendidos para a frente, olha em direção ao braço estendido do professor.
- V – Professor, em pé, com o braço direito estendido, aponta o quadro negro e olha para o aluno. O aluno, sentado, olha para o quadro negro.
- I – Solicita ao diretor a presença de mais um ego-auxiliar. Coloca dois professores, ambos em pé, um sorrindo e o outro com uma expressão séria, carrancuda. Coloca um aluno em frente aos dois professores, inclinando a cabeça e direcionando o olhar ora para um, ora para o outro. A expressão facial e corporal do aluno é de confusão.
- PS – Professor e aluno frente a frente. O professor estende os braços em direção ao aluno, fazendo um movimento de chamada com as mãos. O aluno, também com os braços estendidos para a frente, permanece imóvel, com uma expressão surpresa no rosto.
- Iva – Professor e aluno frente a frente, com os braços estendidos em direção um ao outro e as mãos entrelaçadas. O professor olha para o aluno e faz diferentes expressões faciais: ora

expressa raiva, ora surpresa, ora alegria. O aluno altera as expressões faciais de acordo com as mudanças do professor.
- Do – O professor, à frente dos alunos (foi solicitada a inclusão de outro ego-auxiliar para representar vários alunos), segura em uma das mãos, um livro aberto e com a outra faz um movimento semelhante a alguém dirigindo. Os alunos são colocados atrás do professor, movimentando os braços como se estivessem remando.
- An – Coloca uma pessoa em pé com os dois braços circundando o abdômen, fazendo movimentos com os dois braços para baixo e para cima, como que acariciando. Explica que só esta pessoa simboliza a relação professor–aluno.

Reconhecimento e expressão dos sentimentos surgidos depois da apresentação das imagens individuais realizadas
Os sentimentos expressos pelo grupo foram:

- Medo do desconhecido
- Responsabilidade
- Aprendizagem
- Motivação
- Amizade
- Amor/afeto
- Proximidade
- Liderança
- Idealismo
- Conquista
- Desafio
- Surpresa
- Alegria
- Orgulho
- Frustração
- Emoção
- Relacionamento
- Obediência

- Raiva
- Receio
- Comparação
- Confiança
- Esperança
- Expectativa
- Empatia
- Medo
- Autoridade
- Respeito
- Sucesso
- Decepção

Segunda atividade
Agrupamento dos sentimentos expressos em categorias e criação de cenas em que estes sentimentos surgem. Elaboração da concepção de que cada relação é única, por envolver indivíduos também únicos: o sempre novo das relações
Durante este exercício surgiram algumas dúvidas quanto ao sentido de algumas palavras, que poderiam encaixar-se em uma ou outra categoria, dependendo do significado que se lhes atribuísse. Então a diretora perguntava quem havia escolhido aquela palavra e qual sentido tinha atribuído a ela, explicando ao grupo que deveria valer o que a pessoa tinha tentado expressar.

1ª categoria
Sucesso
Respeito
Conquista
Orgulho
Responsabilidade
Obediência
Liderança
Autoridade

2ª categoria
Raiva
Frustração
Comparação
Decepção
Medo
Receio
Medo do desconhecido

3ª categoria
Esperança
Amor
Emoção
Proximidade
Confiança
Relacionamento
Afeto
Amizade
Empatia

4ª categoria
Expectativa
Desafio
Idealismo
Surpresa
Aprendizagem
Motivação

Subdivisão do grupo pelas categorias estabelecidas
Os professores releram rapidamente as categorias e dirigiram-se aos locais em que estas haviam sido previamente colocadas pela diretora. Subdividiram-se da seguinte forma:

1ª	2ª	3ª	4ª
Iva	J	V	Ros
AM	Ad	I	Re
X	An	Do	PS

Apresentação das imagens ou cenas construídas pelos quatro subgrupos, em função das categorias eleitas

No momento em que os subgrupos finalizaram suas criações e o grupo voltou a se reunir, a diretora explicitou não haver uma ordem predeterminada para a apresentação e que cada subgrupo poderia apresentar-se no momento em que se sentisse aquecido. Todos estavam muito motivados; em dois momentos os subgrupos se propuseram a apresentar suas imagens ou cenas ao mesmo tempo.

A primeira cena representada foi a do subgrupo que se colocou na primeira categoria[26]:

Início: Re agachou-se em frente a PS a aproximadamente dois metros de distância. PS ficou em pé. Ao lado, um pouco para trás de PS, estava Ros, também em pé, tendo em mãos um papel enrolado. D, ego-auxiliar, posicionou-se atrás de Re, a uns dois metros, próximo à porta.

Re começou a deslocar-se em direção a PS, inicialmente agachado, erguendo-se paulatinamente até chegar a PS completamente ereto. PS estendeu os braços diante de Re, impedindo-o de aproximar-se mais. Re permaneceu parado olhando para PS, que abaixou os braços e com uma das mãos indicou Ros. Re olhou para Ros e caminhou até ela. Ros abraçou-o e entregou o papel. Re virou-se e caminhou até D.

A diretora assistiu a toda a cena e, ao final, solicitou que recomeçassem, só que em câmera lenta. Os professores retomaram as

---

[26]. Sentimentos selecionados: sucesso, respeito, conquista, orgulho, responsabilidade, obediência, liderança, autoridade.

posições iniciais e reiniciaram a cena, em outro ritmo. A diretora aproximou-se de Re e, andando a seu lado, perguntou:

Dir.: Quem é você?
Re: Eu sou um estudante universitário.
Dir.: Para onde você está indo?
Re: Para o destino.
Dir.: E como está se sentindo?
Re: Com medo, angustiado. Tenho medo de não corresponder às exigências do mercado.
Dir., ao chegar em frente a PS: Quem é este?
Re: Ele representa as autoridades e as dificuldades que venho encontrando.
Dir.: E como você se sente perante aquele que o impede que caminhe?
Re: Medo, sinto medo de não conseguir prosseguir.
Dir., dirigindo-se a PS: Você, quem é?
PS: Eu sou a autoridade.
Dir.: O que você faz aqui? Qual o seu papel na formação deste aluno?
PS: Tenho de fazê-lo parar. Sou importante para ele aprender. Acho que ele compreende quando faço isso.
Dir.: Mas ele está com medo!
PS: Faz parte, ele tem de aprender a lidar com isso também.

A diretora solicitou que continuassem a cena. PS abaixou os braços e sinalizou a Re que se aproximasse de Ros. A diretora perguntou a Ros:

Dir.: Quem é ela?
Re: É o meu orgulho e o orgulho dos professores.
Ros entrega o papel a Re.
Dir.: Como está se sentindo?
Re: Muito feliz e orgulhoso. Agora estou conseguindo meu objetivo.
Dir., dirigindo-se a Ros: E você, orgulhoso?
Ros: Sinto-me muito bem entregando este diploma a ele.

Re: Agora me sinto bem, vitorioso! Sei que estou sendo visto e observado. É o coroamento da trajetória. Sinto-me reconhecido e satisfeito.

A diretora solicitou que a cena fosse retomada e Re caminha em direção a D. A diretora perguntou a Re:

Dir.: E agora?
Re: Agora, estou dando continuidade. Há a exigência de grana, não só do diploma, mas da minha competência. Ela (aponta para D) representa o mercado de trabalho. Agora é a minha atuação que vale.
Re chegou próximo a D, que o abraçou.
Re: Sinto que fui aceito pelo mercado de trabalho.

A diretora aproximou-se de Ros e de PS.

Dir.: Como vocês se sentem agora, que este aluno se formou e se inseriu no mercado de trabalho?
Ros: Bem.
PS: Bem.
Dir.: Simplesmente bem? Vocês não se sentem orgulhosos pelo trabalho realizado?

Os dois expressaram um leve sorriso e a diretora perguntou por que não podiam sentir-se orgulhosos. A cena é finalizada. A diretora cumprimentou o grupo pelo trabalho realizado e os demais aplaudiram. Foi solicitado que outro grupo se apresentasse.

O subgrupo seguinte foi o 3.[27] J e An ficaram em pé, uma ao lado da outra, de mãos dadas, e começaram a caminhar. A diretora assistiu a toda a cena e, ao final, solicitou que recomeçassem, só que agora em câmera lenta. Os professores retomaram as po-

---

[27]. Sentimentos a ser representados: esperança, amor, emoção, proximidade, confiança, relação, afeto, amizade, empatia.

sições iniciais e reiniciaram a cena, em outro ritmo. A diretora aproximou-se de An e, andando a seu lado, perguntou:

Dir.: Quem é você?
An: Eu sou a professora.
Dir.: E o que você está fazendo?
An: Estou encaminhando o aluno com afeto e carinho.
Dir.: Para onde? Para quê?
An: Para a vida, para o mercado de trabalho.

A diretora passou a caminhar com J.

Dir.: E você, aluno, o que está fazendo, como está se sentindo?
J: Eu tenho esperança e quero entrar no mercado de trabalho. O professor me mostra uma realidade que depende muito de mim. A simpatia dele é muito importante para mim.

Professor e aluno abraçaram-se emocionados.

An: Isto não termina assim. Depois de formada, já no mercado de trabalho, essa relação continuará viva dentro de mim, e certamente me ajudará em minhas relações com as chefias.
An sorri, emocionada.

O grupo aplaudiu a cena e a diretora agradeceu pelo trabalho apresentado. Foi solicitado que outro grupo se apresentasse.

O Grupo 4 prontificou-se a representar sua cena, explicando que utilizariam um dos egos-auxiliares, C.[28]
Iva ficou em pé no centro da sala, enquanto AM e C colocaram-se atrás dela, uma ao lado da outra. Iva começou a

---

[28]. Sentimentos a ser representados: expectativa, desafio, idealismo, surpresa, aprendizagem, motivação.

caminhar, olhando para trás e acenando para que C e AM a acompanhassem. As duas seguiam-na.

A diretora interrompeu a cena e solicitou que recomeçassem, só que em câmera lenta. Os participantes retomaram as posições iniciais e reiniciaram a cena, em outro ritmo. A diretora aproximou-se de Iva e, andando a seu lado, perguntou:

Dir.: O que você está fazendo?
Iva: Estou mostrando a importância da disciplina e o caminho que devem seguir.
Dir.: E você, aluno, o que está fazendo?
AM: Estou seguindo as orientações dela.
Dir.: E como você está se sentindo?
AM: Ela é a professora, deve saber o que devo fazer.
Dir.: Ela é que sabe? Você não?
AM sorri timidamente.

Enquanto os participantes continuavam caminhando, a diretora pediu a C, em voz baixa, que não seguisse a professora. C virou-se para outro lado, ora parando, ora caminhando em outra direção. A diretora encaminhou-se até o professor e perguntou:

Dir.: O que está acontecendo? Como você está se sentindo?
Iva: Ela não está compreendendo que este é o melhor caminho... Estou triste. Vou trazê-la de volta.

O professor se dirigiu a C, pegou-o pelo braço e mostrou novamente o caminho. C continuou indo para outra direção. O professor se dirigiu novamente a C, que continuou não atendendo. Na terceira tentativa, C começou a fazer o caminho indicado pelo professor. A diretora se aproximou de Iva e perguntou:

Dir.: Como está se sentindo?
Iva: Agora, estou um pouco mais feliz por ele ter passado no exame.

Dir.: Este professor teve, em algum momento, raiva deste aluno que não seguia seu direcionamento?
Iva: Eu, na verdade, tenho pena. Sou um pouco mãezona. Sempre procuro conversar.

A cena foi encerrada e o grupo aplaudiu.

A diretora pediu que o último grupo[29] se apresentasse. Foram colocadas duas carteiras no centro da sala, uma ao lado da outra, e uma terceira cadeira em frente, voltada para as duas primeiras. I e V sentaram-se e começaram a conversar uma com a outra em voz baixa. Do, que até então estava fora da cena, entrou e subiu em cima da carteira que havia sido colocada em frente. Segurava um livro na mão e se expressava com tensão e agressividade.

A diretora aproximou-se de Do e perguntou:

Dir.: O que você está sentindo aí, professor?
Do: Um medo lascado! Medo de minhas frustrações, medo de não saber o tanto necessário, de não corresponder às expectativas... Acho que todos os professores têm este sentimento...
Dir.: E você, aluna, como se sente?
I: Estou com medo. Olhe a cara dele!
Dir.: E você? (dirigindo-se à outra aluna)
V: Eu estou com raiva! Ele acha que sabe tudo.
Dir.: O que você está tentando transmitir para elas? (Dirigindo-se ao professor)
Do: Autoridade. Do tipo, "não me questione porque sei tudo".
Dir.: Puxa, que interessante! O professor está inseguro, com medo, mas disfarça com autoritarismo tentando assustar os alunos?

O grupo riu e aplaudiu, encerrando a cena.

---

29. Sentimentos do Grupo 2: raiva, frustração, comparação, decepção, medo, receio, medo do desconhecido.

A diretora pediu que os participantes retomassem seus lugares anteriores para que pudessem conversar sobre a experiência desde o início, quando montaram suas primeiras imagens individuais. Todos participaram, dando depoimentos e discutindo posicionamentos. Alguns comentários relevantes:

- "Deu para sentir a importância do professor. A dimensão da responsabilidade do professor na relação com o aluno."
- "Nós temos um papel superimportante na vida do aluno e não temos consciência disso."
- "Muitas vezes ficamos presos à nossa percepção e não levamos em conta o aluno, o que nos leva à insatisfação. Precisamos ter mais consciência de nossas fraquezas e preocupações e saber trabalhar com elas."
- "O que prevalece é a relação, a motivação. Estou procurando saber que estratégias posso usar para motivar os alunos."
- "A realidade do aluno é muito diferente. É necessário despertar a confiança dele para mostrar onde ele pode aplicar o conhecimento."
- "Lidamos o tempo todo com os sentimentos que levantamos. O professor tenta mostrar para o aluno que ele tem de estudar e ele só percebe isso no final do curso."
- "Lidamos com a frustração, com a raiva e a decepção do aluno e, algumas vezes, com as nossas também. Mas a maior frustração vem no final do curso, quando não conseguimos atingir o objetivo. É importante ter autoconhecimento e saber quais são nossos limites para lidar com as situações. Nossa população não é classe A e B. São pessoas que trabalham e não sabem direito o que querem. Temos de saber lidar com isso."
- "Naquela cena em que o aluno não acompanhava o professor, eu senti raiva, sim. É difícil fazer que entendam o que a gente quer e isso muitas vezes dá raiva."
- "Alguns alunos não têm jeito. É difícil. Alguns são mal-educados e ficam para trás."

- "Esses são os que cobram mais, ficam com raiva e dão raiva na gente."
- "Cada um tem conhecimento da responsabilidade que tem e deve saber até onde cada aluno quer chegar. Deve ser democrático. Não adianta querer que o aluno chegue aonde nós queremos que ele chegue."
- "O educador deve estar junto daqueles que querem crescer. Lidamos com uma diversidade muito grande e em muitos momentos estamos tão exaustos quanto os alunos. Penso que temos uma responsabilidade formativa e cidadã, ajudamos a formar pessoas mais conscientes, mais 'gente', mesmo que não tenham muito crescimento intelectual."

Após os comentários do grupo, a diretora fez o processamento, enfatizando a necessidade de refletir sobre a influência dos modelos experienciados como alunos. Muitas vezes, pode-se estar reproduzindo modelos interiorizados (conservas culturais, *imprintings*) nem sempre adequados à situação e a si mesmos. É necessário um trabalho de conhecimento autocrítico e de liberação da espontaneidade para que se possa ser flexível, adaptando-se a cada situação, já que cada relação é única e sempre nova.

A diretora também frisou a necessidade de se repensar os valores acerca da conotação rígida em relação aos sentimentos: existem sentimentos que sempre são ruins? Sentimentos que não devem surgir? Existem sentimentos que sempre são bons e adequados? Deve-se ou pode-se disfarçá-los, escondê-los? Além disso, procurou introduzir a reflexão sobre o enfrentamento do novo, de quais sentimentos a incerteza provoca e da tendência a se repetir respostas aprendidas anteriormente como corretas, independentemente do contexto e dos sujeitos envolvidos. A diretora procurou processar esses aspectos vinculando-os às situações apresentadas ou aos comentários feitos.

TERCEIRO MÓDULO

Durante o intervalo para o almoço, uma das participantes pediu permissão para ir embora pois estava passando mal, com febre, em função de gripe. Porém, um novo participante chegou e a equipe de egos-auxiliares colocou-o a par do que havia ocorrido pela manhã.

Atividade: jogo do ET

Iva se propôs a ser o ET. O restante do grupo ficou em silêncio, todos resistindo a assumir o papel de professor. A diretora explicou que todos teriam de participar bastante e que o professor seria apenas um representante do grupo. Houve um movimento do grupo para indicar Do para fazer o papel de professor, e ele aceitou.

O jogo foi iniciado:

Prof.: ET, embaixo.
ET olha para baixo, como que procurando algo.
Prof.: Esquerda.
ET vira o rosto para a esquerda.
Prof.: Direita.
ET vira o rosto para a direita.
Prof.: Em cima.
ET olha para cima.

A diretora congelou a cena e se dirigiu ao professor.

Dir.: Professor, você sabe o que está acontecendo?
Prof.: Não.

O grupo percebeu que tinha de orientar o professor e começou a descrever as ações do ET. A diretora descongelou a cena e pediu que continuassem o jogo.

Part.: Ele está olhando para a mão.
Prof.: Embaixo.
ET continua olhando para a mão.
Part.: Temos de ensinar uma palavra nova...

O grupo começa a dar manifestações de irritação e cansaço.

Dir.: Já se cansaram? Ainda tem muito a ser explorado. Não esqueçam, o ET é inteligente, ele aprende...
Part.: Ele não tem curiosidade em conhecer a garrafa?
ET pegou o copo e soltou em seguida.
A diretora congelou a cena e se dirigiu ao ET, perguntando:
Dir.: O que está acontecendo? Como está se sentindo?
ET: Estou perdido. Estou com sede e o terráqueo só fica falando direita, esquerda, em cima, embaixo... Estou me sentindo mal e ficando muito impaciente.

A diretora descongelou a cena e pediu que prosseguissem.

Part.: A próxima vez que o ET pegar o copo vamos dar um comando. Ele tem de associar o gesto a uma palavra de comando.
Prof.: ET, esquerda, esquerda, esquerda.
ET olhou para esquerda.
Part.: Nós só estamos dando ordens verbais, dissociadas com o visual.
Part.: Temos de associar uma palavra a seus gestos.
ET pegou o copo e o grupo avisou o professor que ele havia pego o copo.
Prof.: Em cima.
ET ergueu o copo para cima.
Prof.: Embaixo.
ET colocou o copo embaixo.
Prof.: Direita.
ET colocou o copo à direita.
Prof.: Esquerda.

ET colocou o copo à esquerda.
Part.: Assim não adianta, ele não está aprendendo nada, estamos na mesma.
ET passou a mão no pescoço, esfregando. Sua expressão era de angústia.

A diretora congelou novamente a cena, pedindo aos participantes que observassem o ET, quanto estava cansado, frustrado e perdendo a motivação em aprender, apesar da sede.

Part.: Nós não podemos dar a água na boca do ET?
Dir.: Assim vocês estariam ensinando o ET a beber água? O que estariam ensinando com essa atitude?

A diretora descongelou a cena.

O ET pôs a mão na garrafa e o grupo gritou para aproveitar a oportunidade.
O ET largou a garrafa antes que o professor desse o comando.
Part.: Ah... Não deu tempo!
ET pegou a garrafa.
Prof.: Copo. Copo.
Prof.: Copo em cima.
ET ergueu a garrafa para cima.
Prof.: Copo embaixo.
ET colocou a garrafa em baixo. Deixou a garrafa em cima da carteira e pegou o copo. O grupo avisou o professor de que o ET tinha pego o copo.
Prof.: ET, garrafa, garrafa, garrafa. Garrafa em cima.
ET ergueu o copo.
Prof.: Garrafa em cima direita.
ET movimentou a garrafa para a direita.
Part.: Ih, danou-se, ele está fazendo tudo ao contrário.
Dir.: Ele está fazendo o que vocês ensinaram.

Part.: Bom, se o negócio é ensinar ele a beber água, deixa como está, não tem problema que as palavras estejam trocadas, só temos de prestar mais atenção na hora de dar os comandos.
Prof.: Copo.
ET pegou a garrafa.
Prof.: Garrafa.
ET pegou o copo.
Prof.: Garrafa em cima.
ET levantou o copo.
Prof.: Copo, copo.
ET pegou a garrafa.
Prof.: Copo em cima.
ET ergueu a garrafa para cima.
ET largou o copo e a garrafa sobre a carteira.

O diretor foi ao quadro e acrescentou as palavras garrafa e copo às outras palavras já conhecidas pelo ET, explicitando ao grupo que agora ele já conhecia mais duas palavras. O ET voluntariamente colocou uma das mãos sobre a garrafa, segurando a tampa.

Part.: Fala tampa, ele está com a mão na tampa!
Prof.: ET, tampa, tampa!
ET olhou para a tampa e permaneceu segurando-a.
Prof.: ET, tampa, boca.
O ET continuou olhando para a tampa.
Part.: É preciso ter calma!
Part.: Professor, ensine a ele a palavra mão. Ele está com a mão na tampa.
Prof.: Mão direita tampa. Mão direita tampa!
ET olhou para a mão e para a tampa.

Neste momento, o grupo estava dividido: alguns continuavam participando, tentando auxiliar o professor dando as coordenadas, enquanto outros continuavam somente dando comandos ao professor sem situá-lo quanto ao ET e alguns estavam quietos, expressando, facial e corporalmente, cansaço e frustração. A diretora congelou a cena e comentou (técnica do duplo) quanto é frustrante quando se tenta ensinar algo a alguém e não se consegue. Professor e aprendiz ficam desmotivados, cansados e irritados. Em seguida, dirigiu-se ao professor e procurou auxiliar no encaminhamento.

Dir.: Professor, que tal verificar se ele aprendeu o que é mão?
Prof.: Mão esquerda copo.
ET pegou a garrafa com a mão esquerda.
Prof.: Mão direita garrafa.
ET pegou o copo com a mão direita.
Prof.: Mão esquerda tampa.
ET colocou a mão esquerda sobre a tampa da garrafa.

A diretora escreveu no quadro as novas palavras aprendidas: mão e tampa. Reforçou quanto o ET podia aprender e perguntou ao grupo se alguém gostaria de trocar de lugar e ser professor. Re levantou-se e disse que gostaria de ser professor. O professor foi trocado e a diretora solicitou que continuassem jogando.

ET mexeu os dedos da mão.
Part.: Ensina dedos.
Prof.: ET. Dedos, dedos.
O ET continuou movimentando os dedos, olhando-os atentamente.
ET pegou a garrafa.
Part.: Ensina segura.
Prof.: Mão e dedos do ET seguram a garrafa. Segura. Segura.
O ET olhou para a mão e segurou o copo com força. Largou então o copo.
Prof.: Mão direita segura copo. Mão esquerda segura garrafa.
ET pegou a garrafa com a mão direita e o copo com a mão esquerda.
Part.: Agora precisa ensinar girar.
Part.: É preciso ensinar ele fazer dois comandos ao mesmo tempo.

A diretora congelou a cena, dirigindo-se ao professor.

Dir.: Professor, o que está acontecendo? O que está sentindo?
Prof.: No meu campo mental eu não estou vendo o que está acontecendo com o ET.
Part.: É muita informação, confunde...

O diretor dirigiu-se ao grupo:

Dir.: O que vocês precisam fazer para ajudar o professor?
Prof.: Falta ter calma, sincronismo. Uma sequência organizada para que eu possa entender a mensagem e passar.
Dir.: Além disso, o que mais vocês podem fazer pelo professor?
Part.: Falta abrir a garrafa e dar água para ele.
Part.: Oh, ET, acho que você está precisando ir ao oculista!
Dir.: Parece-me que todos estão tão ansiosos que não veem nem ouvem mais nada. Não estão conseguindo ensinar o ET e estão ficando irritados com ele. Vocês perceberam que o professor está somente repetindo o que vocês falam, sem saber o que está fazendo? Ele deu a dica de que em seu campo mental não vê o que está acontecendo com o ET.
Part.: Temos de ter cuidado senão aniquilamos com o pensar do professor.
Part.: Como fizemos para ensinar as palavras anteriores?
Part.: Tem de ter uma associação da palavra com o movimento do ET.
Part.: É esse o mecanismo.
Part.: Alguns de nós também não consegue ver o ET...

Alguns participantes sentaram-se em outras carteiras para poder observar melhor. A diretora pediu ao grupo para continuar o exercício.

O ET espontaneamente começou a girar a mão, pegou a garrafa e começou a chacoalhar, olhando a água movimentar-se.

Muitos falaram ao mesmo tempo e o professor reclamou que assim não conseguia entender nem fazer nada.

Part.: Mande-o girar a tampa.
Prof.: Girar a tampa.
O ET girou a tampa no sentido contrário, fechando cada vez mais a garrafa.
Part.: Fala para ele girar a tampa para a esquerda.
Prof.: Girar tampa esquerda... girar tampa esquerda, girar tampa esquerda, girar tampa esquerda, girar tampa esquerda.

O ET foi girando a tampa de acordo com as instruções até a tampa cair no chão. Largou então a garrafa e pegou o copo de cabeça para baixo.

Part.: O copo está na mão do ET de cabeça para baixo.
Prof.: Este copo devia estar cheio de água, ET!!!
O professor riu da dificuldade da situação.

O grupo continuava dividido: alguns muito interessados e empenhados em ensinar, outros demonstrando irritação e impaciência, e uma pequena parcela desinteressada, como que alheia. A diretora fez um duplo de seus sentimentos dizendo:

Dir.: Quando a gente não consegue ensinar, às vezes desanima e até fica com raiva do aluno... Prestem atenção, tem um conceito que envolve a garrafa, o copo e o corpo do ET. Se vocês o ensinarem, facilitará o processo.
Part.: Eu jogaria água no ET.
Dir.: Parece que você está com raiva porque vocês não estão conseguindo ensiná-lo tão rápido e da forma como pretendiam, não é? Alguém gostaria de vir ser ET?

AM disse que gostaria de experimentar e I pediu para ser professor. A diretora perguntou ao professor se para ele estava bem dar o lugar a outro. O professor concordou e foram trocados os papéis de professor e ET.

A cena foi reiniciada. O ET começou a balançar a garrafa e balançou tanto que derrubou água na roupa.

Part.: Água, água...
Prof.: Água, água...
Do levantou-se e se colocou à frente do professor, repetindo gestualmente tudo que o ET fazia.[30]: quando o ET ergueu a mão direita para cima, Do ergueu a mão direita para cima.
Prof.: Mão direita copo.
ET pegou a garrafa com a mão direita. Do pegou com a mão direita outra garrafa que encontrou na sala.
Prof.: Segura.
ET apertou mais a garrafa com a mão direita. Do apertou mais a garrafa com a mão direita. Do voltou ao seu lugar.

A diretora congelou a cena e dirigiu-se aos participantes.

Dir.: Ótimo, vocês estão indo por um caminho superlegal. O Do estava ajudando bastante, não?
Part.: Seria interessante que todos os movimentos do ET fossem repetidos por alguém que passasse para o professor!
Prof.: O que vocês acham da proposta?

O grupo permaneceu em silêncio. O ET estava com a mão dentro do copo.

Dir.: Professor, o ET está com a mão dentro do copo, que tal ensinar buraco?

---

30. Do havia sido o primeiro professor.

Prof.: Mão ET buraco garrafa.
O ET olhou para a mão e mexeu dentro do copo. ET tirou a mão e colocou o dedo.
Dir.: Professor o ET está com o dedo dentro do copo.
Prof.: Dedo do ET buraco garrafa. Dedo do ET buraco garrafa. Dedo do ET buraco garrafa.
O ET colocava e tirava o dedo de dentro do copo a cada comando dado.

O grupo como um todo voltou a se interessar e se mostrava muito excitado por ver o progresso do ET.

Part.: Ele precisa aprender que a boca é um buraco.
Part.: Professor, manda ele colocar a mão em cima.
Prof.: ET, mão em cima.
O ET colocou a mão acima da cabeça.
Part.: Isso, agora vamos mandar ele abaixar devagar.
Part.: Ele não sabe o que é devagar.
Prof.: ET (falando vagarosamente e em tom mais baixo) mão embaixo... Embaixo...
O ET abaixou a mão vagarosamente até tocar a cabeça.
Part.: Cabeça, cabeça.
Prof.: Ele tocou a cabeça?
Part.: Isso, ensina cabeça.
Prof.: Cabeça, cabeça, cabeça.
ET começou a passar a mão pelo rosto.
Part.: Nariz! Ensina nariz!
Prof.: Nariz. Nariz. Nariz.
ET tocou o nariz e ficou explorando-o com a mão.
Prof.: ET (falando vagarosamente e em tom mais baixo), mão embaixo... Embaixo....
O ET passou a mão na boca e colocou um dos dedos dentro da boca.
Part.: Buraco, boca.

Prof.: Buraco, ET, boca. Buraco, ET, boca. ET, segura mão direita garrafa, mão esquerda copo. Água copo, buraco garrafa.
O ET seguiu os comandos e colocou a água no copo.

O grupo, feliz, se agitou, demonstrando alegria. Vários participantes gritaram ao mesmo tempo, dizendo para o professor que ele havia colocado a água no copo.

Prof.: Mão direita garrafa em cima. Buraco, garrafa, buraco, ET, boca!
O ET ergueu o copo e levou-o à boca, bebendo a água. O grupo todo aplaudiu.

A diretora pediu que todos voltassem aos lugares e convidou o grupo a conversar sobre a experiência:
— Eu fui o primeiro ET. Sentia confusão, tédio, desconforto. Imaginava que jamais conseguiria conversar com nenhum terráqueo e não mataria minha sede.
— Percebi muita impaciência do professor.
— O ensino tem de ser um processo cadenciado e organizado. Uma orientação para o professor é muito importante.
— Em um primeiro momento achei que não íamos conseguir, depois percebi que tinha muitas etapas.

Dir.: O que sentiam pelo ET?
— Raiva.
— Impaciência.
— Frustração.
— Achamos que o ET era o "burro mór".
— Achamos que o ET era incompetente e que nós também tínhamos limitações.
— Nós também tivemos de aprender criando um método para transmitir a mensagem.
— Colocar-se no lugar do outro não é nada fácil!

— Somos também ETs em sala de aula e ainda perguntamos: "Alguma dúvida?"

— Às vezes algumas salas estão com muitas notas vermelhas e o professor responsável diz para se defender: "Mas eu ensinei tudo! Eles é que não aprenderam!"

Dir.: O que estava faltando fazer para que o professor e o ET se comunicassem?

— Colocar-se no lugar do ET.

Dir.: Por que todos os professores que passaram pela experiência sofreram tanto?

— Porque ninguém se colocava no lugar dele.

Dir.: E o que acontecia com o professor, que recebia uma porção de ordens sem sentido para ele e, atônito, repetia tudo?

— Eu fui a terceira professora. Quando Do se colocou na minha frente, repetindo os movimentos do ET, eu pude raciocinar e dizer ao ET o que era para ser feito.

A diretora mostrou as três principais reações que os professores tinham ao escutar aquelas ordens sem sentido: paralisação, repetição cega e perguntar o que estava acontecendo. Perguntou, então, como reagiam na vida real.

— A gente faz de tudo um pouco!

Todos riram e a diretora comentou que parecia uma tragicomédia.

— É, um professor incompetente e perdido e um aluno burro e desorientado!

A diretora comentou que muitas vezes nos vemos em uma situação em que não ensinamos nada e o aluno não aprende nada, porque não conseguimos enxergar o que está acontecendo. Primeiro temos de nos situar, ver o que está acontecendo, perceber o que estamos sentindo, para só depois tentar tomar o lugar do outro e ver o que ele está sentindo. Os participantes contribuíram com as seguintes colocações:

— O aluno fica de saco cheio desse professor que não ensina nada para ele.

— Tem um momento em que você se sente péssima, vê que sua fala não adiantou nada.

— O que se percebe é que a insatisfação aparece como indisciplina do aluno; quando ele não entende nada do que está se passando.

— O aluno tem uma certa carência... Ele precisa ser notado. Se você dá atenção, ele também retribui.

A diretora colocou para o grupo que, como "professora", estava se sentindo muito feliz, pois percebeu, pelos comentários, que tinha conseguido alcançar seu objetivo, que era de que percebessem a necessidade de compreender o aluno. Muitas vezes, o fato de o professor não procurar conhecer e entender o aluno leva-o a agir em função de prejulgamentos que podem despertar sentimentos de impotência, frustração e raiva. E o aluno, que já estava se sentindo incompreendido, ao perceber os sentimentos do professor, entra em campo tenso, tem a autoestima rebaixada e reage culpando-se pela incapacidade ou culpando o professor de não compreendê-lo e não saber ensinar.

No processamento, a diretora retomou as noções trabalhadas nos módulos anteriores, como o *imprinting* e conservas culturais que podem embaçar a percepção da realidade; a consciência do circuito que integra razão, afeto e emoção; a necessidade do aprimoramento da autopercepção, bem como da percepção do outro e das inter-relações, e o enfrentamento do novo. Essa retomada teve como finalidade reforçar as ideias anteriormente discutidas, integrando-as de forma a garantir o entendimento do foco principal do módulo, que consistia no ensino da compreensão e da importância da tomada de papel do outro no processo de ensino/aprendizagem.

QUARTO MÓDULO

Durante o intervalo, a equipe decidiu que a atividade seguinte deveria ser adaptada, uma vez que eram poucos os participantes. Optou-se por dividir o grupo em apenas dois subgrupos e cada subgrupo trabalharia dois conceitos.

Atividade

Quando o grupo retornou, a diretora iniciou o aquecimento explicando que a última atividade do dia seria um trabalho que visava focalizar um momento que faz parte do cotidiano da relação professor-aluno e que é de grande importância por estar relacionado à mudança de comportamento: o retorno (*feedback*).

Sugeriu então que os participantes se dividissem em dois subgrupos e explicou que dois egos entrariam em cada um deles, inicialmente para explicar os dois conceitos com os quais deveriam trabalhar e, posteriormente, para auxiliar na atividade seguinte, que seria montar duas cenas que focassem a relação professor-aluno, cada uma envolvendo um dos conceitos anteriormente discutidos.

O Subgrupo 1 ficou com os conceitos "verdade com amor" e "verdade com desamor". O Subgrupo 2 ficou com os conceitos "falsidade com amor" e "falsidade com desamor".

Assim que os dois subgrupos concluíram a tarefa, a diretora solicitou que se reunissem em círculo e que o subgrupo que se sentisse mais aquecido apresentasse a primeira cena. Os demais deveriam observar e tentar compreender qual era o conceito representado.

O Subgrupo 1 se propôs a iniciar:

Iva colocou-se em pé no centro da sala com alguns papéis na mão. Re sentou-se em uma carteira. Foram colocadas várias outras carteiras vazias, explicando que simbolizavam outros alunos. A professora diz:
— Hoje é dia de avaliação. Vocês já conhecem meu método. Tirem tudo de cima das carteiras antes que eu comece a entregar as pro-

vas. Já sabem: não ousem colar; se eu pegar alguém com cola, é zero! Já guardaram tudo? Vou começar a distribuir.
A professora caminhou pela sala como se estivesse distribuindo as folhas de prova. Ao chegar próximo a Re, entregou-lhe a folha. A professora andava de um lado para o outro, olhando para todos. Re colocou algumas folhas de papel sob a prova e sorrateiramente as levantava como se estivesse lendo. A professora se aproximou e ordenou rispidamente:
— Levante a folha da prova.
— Não tem nada, não, fessora.
— Já falei, levante a folha da prova!
O aluno encolheu-se na carteira, colocando as mãos sobre a prova. A professora puxou a folha e olhou para os papéis sobre a carteira.
— Está tudo aí anotado, né? A matéria do semestre inteiro! Você já sabe, é zero!
— Mas, prof... (Está todo encolhido)
— Não tem mas, você sabia as regras. Pode se retirar. É zero!
O aluno se levantou e se dirigiu à porta encurvado e com expressão de choro.

A diretora pediu que Re e Iva retornassem a seus lugares no cenário, e pediu ao grupo que dissesse que tipo de *feedback* era aquele e todos concordaram que era um *feedback* verdadeiro: o professor tinha percebido a cola e precisou tomar uma atitude, ainda mais porque já tinha avisado que tomaria a cola e daria zero. A diretora concordou que se tratava de um *feedback* verdadeiro e perguntou com qual sentimento ele havia sido colocado. Os participantes ficaram em dúvida. A diretora se aproximou de Re, no papel de aluno, e perguntou como havia se sentido:
— Injustiçado. Ela estava possessa. Poderia ter me dado uma chance, eu tinha acabado de receber a prova, ainda não tinha nem dado tempo de colar! Ainda por cima, fui exposto perante o resto da sala... Agora, entre os colegas vou ter o rótulo de "colador". Ela nem ao menos me chamou para conversar...

Dir.: E agora, que ouviram os sentimentos do aluno, fica mais fácil identificar?
Part.: Raiva. Acho que seria desamor.
Dir.: Ok. Então este foi um exemplo de feedback cujo conteúdo era verdadeiro, mas veio acompanhado de desamor. Vocês acham que esse tipo de retorno cumpriu o objetivo de ensinar que não se deve colar?
Part.: Acho que ele não colará mais com este professor, mas será por medo.
Dir.: E você, aluno, vai colar novamente? A professora ajudou você a mudar o comportamento em relação à cola?
Alu.: Por pouco tempo. Enquanto eu estiver com raiva. Depois vou me especializar nas colas. Vai ser um desafio não ser pego. Nas outras matérias, vou continuar colando, talvez seja mais cuidadoso.
Dir.: Ok. Podemos passar para a outra cena?

Outros dois participantes do Subgrupo 1 foram para o centro da sala e utilizaram o mesmo cenário montado para a cena anterior. PS assumiu o papel de professor e Do, o papel de aluno.

O professor andava pela sala segurando papéis na mão e ia dizendo:
— Hoje faremos nossa avaliação. É individual e sem consulta. Nem preciso dizer novamente que estarei de olho em vocês. Já sabem que, se eu pegar colando, vou anular a prova. Retirem todo o material das carteiras que irei distribuir as provas.
O professor começou a andar pela sala, como se estivesse distribuindo as provas. Entregou uma folha ao aluno e continuou andando pela sala. O aluno colocou cuidadosamente outros papéis sob a folha da prova. O professor continuou andando até que parou em frente ao aluno.
— Com licença, o senhor está com uma cola...
O aluno colocou as duas mãos sobre a folha da prova.
— Não! Que é isso, eu, colando?

— *Parece que o senhor não escutou o combinado.*
O professor retirou as folhas que estavam sob a prova.
— *As questões que você respondeu até agora estão anuladas, mas deixarei você terminar a prova e considerarei o que responder daqui em diante. No final da aula gostaria que fosse conversar comigo em particular.*

Após esse desfecho, um membro do grupo entrou em cena e apresentou um papel escrito *Tomada II*. PS sentou-se em uma carteira e Do caminhou até ele. O professor pediu que sentasse ao lado dele.

— *Professor, desculpe, eu tive uns problemas lá em casa e não deu tempo de estudar, aí... eu tive de apelar...*
— *Tudo bem, problemas acontecem, mas das próximas vezes não use esse tipo de recurso. Como lhe falei, considerarei todas as questões que você respondeu sem colar, mas as primeiras não tem jeito, serão anuladas. Vê se não faz mais isso, hein?*
O aluno levantou-se para se retirar e o professor despediu-se com um sorriso.

O grupo aplaudiu a cena.

Dir.: *Que tipo de retorno foi esse?*
Part.: *Foi verdadeiro e foi dado com muita propriedade.*
Dir.: *Aluno, o que você sentiu?*
Alu.: *Senti várias coisas: Primeiro, foi um sentimento ruim de estar fazendo algo não permitido. Ainda por cima de não ter nem colado direito. Segundo, senti que tive sorte, o professor ainda me deu uma chancezinha... E, terceiro, um sentimento de gratidão. Com ele não colo mais.*

Todos riram e a cena foi encerrada.
A diretora pediu que o outro grupo se apresentasse.

O Subgrupo 2 foi ao centro. V, em pé, assumiu o papel de professora, ficando à frente das demais, que faziam os papéis de alunas, também em pé. A professora iniciou uma aula de dança. Ficou à frente das alunas fazendo passos com os pés e movimentos com as mãos. Todas as alunas acompanhavam os movimentos, com exceção de uma, que não conseguia acompanhar nem o ritmo nem os movimentos. A professora olhou em direção à aluna fazendo com o dedo o sinal de positivo. A aluna sorriu e continuou fazendo os movimentos de forma incorreta. A cena foi encerrada, mas o grupo que assistia disse não ter entendido, então ela foi refeita. Ao final, o grupo que assistia disse que continuava não entendendo, pois a aluna fazia errado e a professora acenava positivamente.

Dir.: O que acontecia com o movimento da aluna?
Part.: Ela continuava fazendo errado.
Dir.: E então, o feedback estava resolvendo?
Part.: Não.
Dir.: Por que?
Part.: Porque ela, a professora, fazia um sinal de aprovação.
Part.: Mas ela estava fazendo errado!
Dir.: Então, como era o conteúdo do retorno?
Part.: Falso.
Dir.: E o sentimento que a professora expressava?
Part.: Ela sorria, parecia estar aprovando...
Dir.: Então, a professora dava um retorno falso, inadequado, mas o fazia com afeto, e o que aconteceu?
Part.: A aluna repetia os mesmos movimentos.
Dir.: Por isso que vocês tiveram dificuldade de entender. O retorno foi completamente inadequado. Em vez de corrigir a aluna, fez que ela acreditasse que estava indo muito bem. Parece, portanto, que esta forma não é muito eficaz, não é? Vamos à outra cena?

Os mesmos participantes realizaram a segunda cena, permanecendo nos mesmos lugares. Era a mesma aula. A professora fazia os mesmos movimentos e, como anteriormente, as alunas repetiam corretamente, com exceção de uma. A professora interrompeu a aula e retirou do grupo uma das alunas que agia corretamente.

Novamente o grupo que assistia não entendeu e a cena foi repetida. Como a mensagem realmente não estava clara, a diretora pediu ao ego-auxiliar que rediscutisse a cena. Depois de uma conversa em tom baixo, a encenação recomeçou. Agora, o ego-auxiliar entrou no lugar da professora, que executava movimentos e era copiada corretamente por todas. A professora, ocasionalmente, olhava para uma aluna com olhar de reprovação. Esta aluna procurava prestar mais atenção aos movimentos da professora e das colegas, executando os passos de forma correta. A professora continuou olhando para ela com reprovação, até que interrompeu a aula, retirou a aluna do grupo e disse que seria melhor que se inscrevesse em outra modalidade de aula, pois não servia para dançar.

Dir.: Aluna, o que você está sentindo?
Alu.: Essa mulher é louca! Eu estava fazendo tudo direitinho... Ela cismou comigo! Imagina, dizer que eu não levo jeito para dançar... Todo mundo elogia quando eu saio para dançar!
Dir.: Você continuará dançando?
Alu.: Não com essa louca! Mas, na vida, claro que sim!

A diretora perguntou aos outros participantes se a encenação agora estava mais clara.

Part.: Ficou difícil de entender, porque a atitude da professora não tem nada a ver.
Dir.: Vocês acham que isso nunca acontece?
Part.: Não. Aqui foi difícil de entender, mas a gente sabe que isso acontece muito.

Um dos participantes pediu para sair em função de um compromisso anteriormente assumido. A diretora fechou o trabalho, processando os objetivos e conceitos envolvidos e acrescentando um rápido resumo do artigo sobre *feedback* que foi utilizado no embasamento da atividade.

AVALIAÇÃO DOS PARTICIPANTES

A diretora entregou a cada participante uma folha de papel sulfite em branco. Pediu que cada um escrevesse uma breve carta a um colega, também professor, contando a ele como havia sido o treinamento do qual haviam participado.

Quando todos terminaram, a diretora pediu que cada um lesse a carta que escreveu. Segue o teor de algumas delas:

- "O curso foi realmente interessante, fazendo-me refletir sobre minha atuação e meus sentimentos como professora. Minha sugestão é que antes do início das atividades seja apresentado um pouco de teoria sobre o assunto."
- "Caro professor, vou contar uma vivência muito positiva, que me ajudou a rever minha conduta como professor e a repensar a relação professor-aluno. Valeu a pena, para você vai ser muito útil e vai acrescentar muita coisa. Quando este treinamento for oferecido, faça. Abraços."
- "Querido amigo, fiz um curso aqui na universidade no último sábado e foi muito legal. Pude vivenciar situações muito interessantes e, embora tenha tomado todo o sábado, foi algo que valeu a pena e me fez refletir bastante sobre meu papel como professor. Conheci pessoas muito legais e interessantes e pude perceber que existem outras pessoas que também estão preocupadas em melhorar a relação professor-aluno. Se tiver oportunidade, faça este curso você também, pois acredito que não irá se arrepender."

- "Nosso dia é tão atribulado que não paramos para refletir, sentir o que acontece conosco dentro da sala de aula, o que acontece com nossos alunos, o que acontece no nosso relacionamento com os alunos."
- "É uma oportunidade de 'pararmos' e, por meio desse treinamento podermos nos ver, constatar que não estamos sós, pois nossos colegas enfrentam situações similares. É uma oportunidade para refletirmos quanto temos claro qual é o nosso papel, como transitamos entre o ser professor e o estar professor. Por fim, creio que é uma oportunidade para traçar estratégias de mudanças (se assim quisermos!)."
- "[...] É muito interessante a inversão de papel, o professor se tornar aluno, a conscientização de que não somos seres supremos, donos da verdade. O sentimento na relação professor-aluno é fundamental para um diálogo em sala de aula e uma continuação da transmissão de conhecimento. Educamos com o olhar, na percepção do corpo, da voz... Corpo docente e discente devem caminhar e trilhar por um mesmo objetivo."
- "Como é importante o professor saber trabalhar com sua emoção e a do aluno. Ter a percepção do *feedback* do aluno, saber que sempre pode melhorar e aprimorar as aulas. Saber a importância de ser um professor e de suas responsabilidades. Com criatividade, emoção e amor podemos transformar qualquer aula em uma aula interessante. Precisamos compreender cada vez mais nossos alunos, aceitando todos os desafios que é ser um educador eficaz."
- "[...] o trabalho é na linha psicodramática, é bem legal. Tem uma psicóloga chefe que a gente chama de facilitadora e as outras psicólogas que ajudam. Os exercícios são bem interessantes, divertidos, mas a reflexão MESMO a gente acaba fazendo em casa. De qualquer modo, sempre se aprende alguma coisa. Até que o dia passou rápido. Você deveria fazer, uma reflexão sobre o papel do professor e o do aluno é impor-

tante para conseguir melhorar a relação em sala de aula. Bem, eu gostei."
- "Muito importante para despertar os professores para a atividade de educar (o processo, as etapas), sensibilizar o educador e "olhar" profundamente para o aluno, compreendendo seus anseios, limitações, angústias e necessidades, e também "olhar" para si em seu comportamento de educador."
- "Passei um sábado diferente, trabalhando alguns conteúdos com os quais eu convivo todos os dias no meu trabalho. Sei que sou chato, impaciente e hiperativo, mas também sei que não sou a única pessoa no mundo que tem esse perfil, por isso eu gostaria de deixar algumas opiniões:
  - O debate entre os participantes poderia ser menor.
  - Gostaria de sugar o conhecimento dos instrutores que se mostraram muito capacitados.
  - Senti falta de teoria, um curso com pouca teoria fica vazio. Mas esses pequenos detalhes não tiraram o brilho do ensinamento que foi ministrado neste sábado."

A leitura das cartas emocionou toda a equipe, que agradeceu a todos e elogiou o departamento de Recursos Humanos, que havia batalhado pela realização do projeto, e a diretoria da universidade, que havia percebido a importância de propiciar aos professores um trabalho com essa proposta. A responsável por Recursos Humanos falou sobre a satisfação de ver concretizado um trabalho de meses e finalizou agradecendo aos participantes.

O trabalho foi encerrado 30 minutos após o horário previamente estabelecido, o que foi considerado bom, tendo em vista que começou com 40 minutos de atraso.

AVALIAÇÃO DOS PARTICIPANTES DE UMA SEGUNDA APLICAÇÃO
- "Conseguirei pensar em novas formas de abordagem para os diferentes problemas encontrados em sala de aula. Poderei também contribuir com sugestões construtivas aos meus colegas e alunos."

- "Sentimento de maior percepção minha e do outro, e percepção da situação no dia a dia durante o exercício de docência. Oportunidade de aprender a ver além do perceptível a olho nu."
- "Analisar nossas fraquezas é importante para o crescimento pessoal, pois é encarando as barreiras que podemos superá-las com mais facilidade. A relação entre pessoas é complexa e desafiadora, deixar de lado esse fato atrapalha o amadurecimento do profissional. Nós trabalhamos questões cotidianas de forma clara e objetiva e conseguimos discutir com franqueza a questão do ensinar. Obrigado."
- "Creio que foi importante, por abrir espaço para nos colocarmos e expor situações que não encontramos oportunidade de colocar de forma isenta e sem medo de represálias. Sentimo-nos muitas vezes avaliados pela instituição de modo parcial e pela ótica do aluno."
- "Eu sou professor das exatas e consequentemente meu paradigma dominante e relevante é cartesiano. Entretanto, achei o conteúdo do curso muito interessante, pois é um complemento da educação. Educar não é só saber, ensinar e aprender, é também sentimento, humanismo etc. Isso foi claramente debatido no curso. Eu recomendo para todos os professores que atuam nas exatas."
- "Sentimentos identificados após ter participado do curso: comprometimento/responsabilidade/envolvimento/entusiasmo. Vou poder incrementar as aulas observando mais o contexto no qual estou inserido."
- "Com certeza esse curso deve ser aplicado mais vezes aos professores do curso de odontologia. São raras as oportunidades e a maioria dos professores não toma conhecimento."
- "Foram horas muito interessantes, acredito poder aplicar os conceitos no dia a dia e a metodologia utilizada foi ótima. Enfim, adorei."
- "Achei o curso bacana e reflexivo. Importante para discutir aspectos que os professores não podem discutir de forma

mais profissional normalmente. Pessoalmente, acredito em algumas posições tratadas no curso e outras não, mas isso não diz respeito à profissional que coordenou o curso, que é bem legal, mas falo de minha posição teórica."
- "Por meio desse curso pude identificar várias situações que vivo no cotidiano. Acredito que terei mais facilidade para conduzir os conflitos com as ferramentas que foram propostas, entretanto provavelmente o resultado final dependerá também do desempenho e sentimento dos alunos, já que eles não passaram por esse mesmo tipo de preparação."
- "O treinamento foi muito interessante, levando em consideração a integração com os colegas e o que podemos trocar de conhecimentos vividos no dia a dia em sala de aula, além do conteúdo propriamente dito."

AVALIAÇÃO POSTERIOR DE UM DOS PARTICIPANTES DA SEGUNDA APLICAÇÃO

Aproximadamente uma semana depois do segundo workshop, um dos participantes enviou espontaneamente um e-mail para a equipe que coordenou os trabalhos:

REPERCUSSÕES DO TREINAMENTO EM DIDÁTICA

Senti uma onda de emoção irromper no momento que fiz a minha escultura humana, que representava a relação professor-aluno como eu a via. O aluno em um plano mais baixo e o professor amparando-o em um abraço, como a lhe acolher a cabeça contra seu corpo. Esta emoção era um misto de alívio, vontade de chorar e angústia ao mesmo tempo. Foi bastante forte.

Quando montamos a cena que procurou mostrar uma relação com "amor e verdade", ter representado o aluno que teve nota baixa e tinha reprovado na disciplina me fez, além de perceber fortemente seu universo e suas razões, resgatar o aluno que sou, o ser que luta para aprender e não deixar seu sonho morrer diante de tantas disciplinas e afazeres às vezes distantes de sua (minha) realidade.

Percebi, com toda a dinâmica, que apesar de acreditar no bom pedagogo e no professor amoroso, eu, muitas vezes, ajo impondo situações e sendo

intransigente. Foi o que aprendi com minha mãe. Toda – ou quase toda – resposta vinda dela era com agressão física. O único limite que era dado tinha esta conotação violenta. Eu fazia o que aprendi e não o que acredito. É preciso refletir mais e mudar.
  Obrigado pela experiência.
  Um beijo a todos.

APRECIAÇÕES DAS EQUIPES QUE CONDUZIRAM O PROJETO COM BASE NAS OBSERVAÇÕES REALIZADAS DURANTE AS APLICAÇÕES

A discussão entre as equipes que coordenaram os dois workshops trouxe considerações interessantes. Uma das constatações foi que, embora os dois grupos tenham seguido o mesmo planejamento inicial, o comportamento de cada um diferiu bastante, tanto no que se referiu às posturas de forma geral como em relação ao envolvimento e aproveitamento de cada atividade.

O primeiro grupo mostrou-se bastante aquecido desde o início, demonstrando entrosamento e motivação surpreendentes. Depois da apresentação da equipe não foi necessário explicar por meio de imagens sobre a interferência que valores e sentimentos interiorizados podem ter em um processo comunicacional, conforme havia sido planejado, pois os participantes já demonstraram entendimento nos primeiros comentários que fizeram, partindo diretamente para a reflexão sobre o tema, relacionando-o a situações de sala de aula no que se refere à relação professor-aluno. No entanto, o ritmo da turma diminuiu gradativamente. As atividades mais produtivas em participação e comentários foram as desenvolvidas nos segundo e terceiro módulos. O jogo do ET, embora tenha provocado desânimo, irritação e frustração em muitos participantes durante a realização, foi a atividade que pareceu, aos olhos da equipe, mais ter contribuído para que o objetivo principal do projeto fosse alcançado.

O segundo grupo demorou mais a aquecer. Os participantes pareciam mais defensivos inicialmente, soltando-se paulatinamente no decorrer das atividades. O módulo que pareceu contribuir mais para o alcance do objetivo proposto foi o último, em que o grupo apresentou situações sérias, principalmente do ponto de vista ético, que geraram cenas de grande envolvimento emocional e reflexões importantes ao final.

Alguns dos aspectos, que mais chamou a atenção das equipes em relação aos dois grupos, foram as ausências e os atrasos. O número máximo de participantes para cada grupo havia sido limitado a 20. No primeiro workshop estavam inscritos 19 professores e efetivamente compareceram 13, sendo que um pediu permissão para sair após o segundo módulo e outro chegou apenas para o terceiro, mantendo-se, portanto, apenas 12 pessoas durante todo o trabalho. O atraso no início também foi considerável. Conforme foi relatado anteriormente, a primeira atividade só foi iniciada 40 minutos após o horário estabelecido, quando o quórum mínimo foi atingido. No segundo workshop, a responsável por Recursos Humanos pediu autorização para ampliar o número de inscritos, tendo em vista o número de faltas ocorrido no anterior. Foram realizadas 23 inscrições mas compareceram apenas 14 professores. Destes, um pediu para retirar-se no horário de almoço em função de outros compromissos profissionais, permanecendo 13 pessoas até o final dos trabalhos. O atraso foi de 15 minutos.

A experiência com os dois grupos de forma geral foi muito gratificante para todos os envolvidos nas equipes, em vários aspectos. Na avaliação realizada após as duas aplicações, três pontos mereceram maior destaque. O primeiro deles diz respeito à formação dos vínculos, tanto entre equipes e participantes quanto dos participantes entre si: já no decorrer do segundo módulo, mostraram-se confiantes na condução das atividades, demonstrando um grau de interação bastante favorável à exposição de sentimentos.

O segundo aspecto que despertou a atenção das equipes foi a motivação evidenciada pelos dois grupos durante todo o trabalho. Apesar de não estarem acostumados a jornadas tão longas, todas as atividades propostas foram realizadas com muita participação e interesse, despertando, ao final de cada uma delas, comentários ricos relacionados ao cotidianos em sala de aula.

O terceiro e mais importante ponto foi a constatação de que os comentários da maioria dos participantes, tanto durante as atividades como ao final dos trabalhos, pareceram demonstrar que os objetivos do projeto – a sensibilização para a importância do desenvolvimento relacional com alunos por meio do autoconhecimento, da percepção de quanto estão sujeitos a erros perceptuais, do entendimento de que cada ser é único, tornando, portanto, cada relação única, incerta e imprevisível, de que possuem e precisam desenvolver a espontaneidade inerente a todos os seres humanos, de que podem e devem procurar identificar-se com os alunos para que possam compreendê-los por meio da tomada de papel e de que eles, professores, bem como seus alunos, são seres humanos complexos que estabelecem relações igualmente complexas que não estão limitadas às suas dimensões racionais – foram cumpridos.

Finalmente, a avaliação foi que, de forma geral, os dois workshops parecem ter contribuído não somente para reafirmar a viabilidade de um projeto educacional integrando os pensamentos de Moreno e Morin, no que se refere às três categorias estudadas, por meio do método psicodramático visando à sensibilização de educadores para suas práticas relacionais com educandos, como também para demonstrar a possibilidade de aplicação prática dentro de uma instituição de ensino e uma primeira apreciação de resultados.

4. Considerações finais

As AVALIAÇÕES DOS PROFESSORES que participaram dos dois workshops e as observações feitas no transcorrer dos trabalhos levaram as equipes responsáveis a algumas constatações e questionamentos:

- O projeto pareceu ter sido eficiente ao propiciar uma rápida formação de vínculos tanto entre as equipes de coordenação e os participantes quanto entre os próprios participantes, condição necessária ao desenvolvimento de um trabalho que requer a exposição dos participantes no papel profissional.
- O planejamento realizado pareceu possibilitar a motivação dos professores participantes. A maioria se manteve atenta e participativa durante todas as atividades propostas, realizando, ao final de cada uma, comentários ricos relacionados ao cotidianos em sala de aula.
- Os workshops realizados parecem ter preenchido a necessidade dos professores de ter um espaço para trocas que propiciassem identificação com colegas, reflexão sobre seus problemas e dificuldades e a busca conjunta de novas alternativas de ação.
- O principal objetivo do projeto, que era a sensibilização para a importância do desenvolvimento relacional com os alunos, parece ter sido cumprido.
- A maioria dos participantes aprovou o projeto. Entre as 23 avaliações, apenas duas revelaram insatisfação em relação ao conteúdo teórico, referindo-se como tendo sido pouco ou insuficiente, sendo que uma delas apontou uma crítica ao

método, que privilegiou a discussão entre os participantes em detrimento da exposição dos "instrutores".

- Um dos participantes declarou não compartilhar completamente com o posicionamento teórico da equipe, mas não deixou claro os pontos de discordância.
- Em uma das avaliações positivas, um dos participantes colocou preocupar-se com os resultados que poderia obter na prática, já que os alunos não haviam passado pelo mesmo processo.
- Alguns dos aspectos que mais chamaram a atenção das equipes em relação aos dois grupos foram as ausências e os atrasos.

Quanto às duas avaliações negativas (8% do total das avaliações recebidas) pedindo mais "volume de conteúdo teórico", as equipes de coordenação, ao analisar o conteúdo de uma delas, verificaram colocações como "o debate entre os participantes poderia ser menor" e "gostaria de sugar o conhecimento dos instrutores, que se mostraram muito capacitados", que as levaram a considerar quanto este participante ainda está preso a modelos educacionais do tipo "educação bancária", em que o aluno, passivamente, em uma posição de ignorância e inferioridade em relação ao professor, recebe o conteúdo das aulas de forma acrítica em uma relação nitidamente autoritária. Nesse caso, o planejamento pareceu não ter sido suficiente para quebrar as conservas culturais, ou *imprintings*, existentes.

Em relação às ausências e aos atrasos, as equipes perguntaram-se o que teria levado os professores a inscrever-se e não comparecer. Por que tantos atrasos, se estão acostumados a uma disciplina rígida em relação ao cumprimento de horários?

Esses foram os pontos levantados que não puderam ser investigados, até mesmo por não fazer parte do objeto de estudo, tendo apenas permitido o levantamento de outros questionamentos, tais como: teriam tido experiências de cursos ou treinamentos anteriores? Em caso afirmativo, que modelos interiorizaram e quais os resultados? Como havia sido realizado e interpretado o convite para a participação? Teriam ciência e clareza do que seria desenvolvido e por meio de qual método? Qual o valor que deram, ou dão, a esse tipo de investimento? Como veem sua participação no contexto da universidade? Como estariam suas percepções quanto a seus papéis profissionais e em relação às suas avaliações? No contexto de uma vida profissional atribulada, o que significaria abrir mão de um dia inteiro de descanso?

Em relação a esses questionamentos, os únicos dados que as equipes puderam coletar foram extraídos de colocações de três participantes em suas avaliações, no que diz respeito ao número de horas propostas e ao fato de terem sido realizados aos sábados: "... embora tenha tomado todo o meu sábado, foi algo que valeu a pena...", "o curso prometia ser de muitas horas, das 8h às 18h, o que na verdade não ocorreu, o tempo passou muito rápido..." e "até que o dia passou rápido". No entanto, as equipes julgaram que essas colocações poderiam estar se referindo a uma ou a mais de uma das questões levantadas, não sendo, portanto, conveniente arriscar uma interpretação.

As equipes refletiram ainda que as questões levantadas poderiam e deveriam ser pesquisadas em outra ocasião, principalmente em função dos resultados obtidos, uma vez que a avaliação de que o planejamento pareceu ter atingido os objetivos considerando a participação, o envolvimento e o retorno dos que estiveram presentes pode ser considerada um meio de transformação de ação importante. Porém, é conveniente identificar os motivos das ausências e dos atrasos ocorridos, já que compreendê-los pode levar a mudar alguma ação anterior e não desmotivar a instituição a realizar novos investimentos nesse sentido.

As conclusões teóricas, bem como a elaboração e aplicação do projeto, despertaram o desejo de investigar sua aplicabilidade não somente em outros segmentos da área de educação, mas também em outras áreas, como com profissionais da saúde e nas organizações.

Deve-se salientar, ainda, que a pesquisa teórica realizada com base nos recortes selecionados das propostas dos dois autores,

Jacob Levy Moreno e Edgar Morin, mostrou-se muito rica, propiciando a constatação de importantes aproximações e complementaridades que parecem contribuir com uma educação baseada em um novo paradigma. A aplicação desses resultados teóricos parece ser mais desenvolvida em uma pesquisa de campo ou em outros projetos educacionais de intervenção no que diz respeito à relação educacional.

> Todos os criadores estão a sós
> até que o seu amor pela criação
> forme um mundo ao seu redor.
>
> (J. L. Moreno, *As palavras do pai*, p. 114)

Referências bibliográficas

BAPTISTA, Maria Cecília V. D. "A família na educação". *Linhas críticas*, v. 4, n. 7-8, jul. 1998-jun. 1999, p. 175-80.

BRANDÃO, Zaia (org.). *A crise dos paradigmas e a educação*. São Paulo: Cortez, 2002.

BRITO, Valéria C. de A. "Novos caminhos para a Socionomia". *Revista Brasileira de Psicodrama*, v. 10, n. 2, 2º semestre de 2002, p. 87-92.

BUSTOS, Dalmiro M. *Perigo...amor à vista!: drama e psicodrama de casais*. São Paulo: Aleph, 1990.

CORTESÃO, Luiza. *Ser professor: um ofício em risco de extinção*. São Paulo: Cortez, 2002.

DINIZ, Gleidemar J. R. *Psicodrama pedagógico e teatro/educação*. São Paulo: Ícone, 1995.

FONSECA FILHO, José S. *Psicodrama da loucura: correlações entre Buber e Moreno*. São Paulo: Ágora, 1980.

FOX, Jonathan. *O Essencial de Moreno: textos sobre psicodrama, terapia de grupo e espontaneidade*. São Paulo: Ágora, 2002.

FREIRE, Paulo. *Professora sim, tia não: cartas para quem ousa ensinar*. São Paulo: Olho d'Água, 2002.

GARCIA, Pedro B. "Paradigma em crise e a educação". In: BRANDÃO, Zaia (org.). *A crise dos paradigmas e a educação*. São Paulo: Cortez, 2002, p. 58-74.

LEVENTON, Eva. *Psicodrama para o clínico tímido*. São Paulo: Manole, 1979.

MARINEAU, René F. *Jacob Levy Moreno, 1889-1974: pai do psicodrama, da sociometria e da psicoterapia de grupo*. São Paulo: Ágora, 1992.

MARTÍN, Eugenio Garrido. *Psicologia do encontro: J. L. Moreno*. São Paulo: Ágora, 1986.

MARRA, Marlene Magnabosco. *O agente social que transforma: o sociodrama na organização de grupos*. São Paulo: Ágora, 2004.

MENEGAZZO, Carlos Maria et al. *Dicionário de psicodrama*. São Paulo: Ágora, 1995.

MONTEIRO, André Maurício. "Projeto psicodramático e conexões epistemológicas com o pós-modernismo". *Revista Brasileira de Psicodrama*, v. 8, n. 2. São Paulo. 2º semestre de 2000, p. 83-97.

MORAES, Maria Cândida. *O paradigma educacional emergente*. Campinas: Papirus, 1997.

MORENO, Jacob Levy. *Fondéments de la sociometrie*. Prefácio da 2. ed. francesa.

_____. *Psiquiatria do século XX: função dos universais: tempo, espaço, realidade, cosmos*. CEPA: Rio de Janeiro: CEPA, 1970. (Coleção As grandes sínteses)

_____. *Fundamentos de la sociometria*. 2. ed. Buenos Aires: Editorial Paidós. 1972.

_____. *Psicodrama*. São Paulo: Cultrix, 1975.

_____. *Fundamentos do psicodrama*. São Paulo: Summus. 1983.

_____. *Quem sobreviverá?: Fundamentos da sociometria, psicoterapia de grupo e sociodrama*. Goiânia: Dimensão, 1992.

_____. *As palavras do pai*. Campinas: Editorial Psy, 1992.

_____. *Psicoterapia de grupo e psicodrama*. Campinas: Editorial Psy, 1993.

MORIN, Edgar. "Epistemologia da complexidade". In: SCHNITMAN, Dora Fried. (org.). *Novos paradigmas, cultura e subjetividade*. Porto Alegre: Artes Médicas, 1996, p. 274-286.

_____. A noção de sujeito. In: SCHNITMAN, Dora Fried. (org.) *Novos paradigmas, cultura e subjetividade*. Porto Alegre: Artes Médicas, 1996, p. 45-55.

_____. *Meus demônios*. Rio de Janeiro: Bertrand Brasil, 2002.

_____. *O método 2: a vida da vida*. 2. ed. Porto Alegre: Sulina, 2002.

_____. *Os sete saberes necessários à educação do futuro*. São Paulo: Cortez, 2002.

_____. *A cabeça bem feita: repensar a reforma, reformar o pensamento*. 8. ed. Rio de Janeiro: Bertrand Brasil, 2003.

_____. *O método 5: a humanidade da humanidade*. 2. ed. Porto Alegre: Sulina, 2003.

_____. *O Método 6: ética*. Porto Alegre: Sulina, 2005.

MORIN, Edgar et al. *A decadência do futuro e a construção do presente*. Florianópolis: Ed. da UFSC, 1993.

NASCIMENTO, Kleber. "Feedback: comunicação interpessoal eficaz: verdade e amor". *Incisa*. jan. 1977, p. 1-24.

PENA-VEGA, Alfredo; ALMEIDA, Elimar P. (orgs.). *O pensar complexo: Edgar Morin e a crise da modernidade*. Rio de Janeiro: Garamond, 1999.

PENA-VEGA, Alfredo; STROH Paula. "Viver, compreender, amar". In: PENA-VEGA, Alfredo; NASCIMENTO, Elimar Pinheiro. (orgs.). *O pensar complexo: Edgar Morin e a crise da modernidade*. Rio de Janeiro: Garamond, 1999, p. 179-98.

PERRENOUD, Philippe. *Práticas pedagógicas, profissão docente e formação: perspectivas sociológicas*. Lisboa: Publicações Dom Quixote, 1997.
PETRAGLIA, Izabel. *Olhar sobre o olhar que olha: complexidade, holística e educação*. Petrópolis: Vozes, 2001.
_____. *Edgar Morin: a educação e a complexidade do ser e do saber*. 7. ed. Petrópolis: Vozes, 2002.
PIMENTA, Selma G.; ANASTASIOU, Lea. *Docência no ensino superior*. v. 1. São Paulo: Cortez, 2002.
PINTO, Flávio S. "O método psicodramático na aprendizagem do papel de terapeuta". *Revista Brasileira de Psicodrama*, São Paulo, v. 9, n. 1, 1º semestre de 2001, p. 67-77.
PONTES, Rosa Lidia P. *Diferenças e semelhanças entre o fazer psicodramático psicoterápico e sócio educacional*. XIV Congresso Brasileiro de Psicodrama, Belo Horizonte, jun. 2004.
ROGER, Emilio. "Uma antropologia complexa para o século XXI". In: PENA-VEGA, Alfredo; NASCIMENTO, Elimar Pinheiro. (orgs.). *O pensar complexo: Edgar Morin e a crise da modernidade*. Rio de Janeiro: Garamond, 1999, p. 89-102.
ROJAS-BERMÚDEZ, Jaime G. *Introdução ao psicodrama*. São Paulo: 1970.
ROMAÑA, Maria Alicia. *Psicodrama pedagógico*. São Paulo: Papirus, 1985.
SANTOS, Boaventura de S. *Um discurso sobre as ciências*. São Paulo: Cortez, 2003.
SARRÓ, Ramon. "Prólogo". In: SCHÜTZENBERGER, Anne Ancelin. *Introducción al Psicodrama en sus aspectos tecnicos*. Madri: Aguilar, 1966, p. XI-XXVIII.
SAVIANI, Demerval. *Educação: do senso comum à consciência filosófica*. São Paulo: Cortez, 1983.
SCHNITMAN, Dora Fried. (org.). *Novos paradigmas, cultura e subjetividade*. Porto Alegre: Artes Médicas, 1996.
SCHÜTZENBERGER, Anne Ancelin. *Introducción al psicodrama em sus aspectos tecnicos*. Madri: Aguilar, 1966.
SEVERINO, Antonio Joaquim. *Educação, sujeito e história*. São Paulo: Olho d'Água, 2001.
WEIL, Pierre. "Moreno: da mística à terapia". In: MORENO, Jacob Levy. *Psicoterapia de grupo e psicodrama*. São Paulo: Mestre Jou, 1974, p. 15-18.

www.gruposummus.com.br

IMPRESSO NA
sumago gráfica editorial ltda
rua itauna, 789   vila maria
02111-031   são paulo   sp
tel e fax 11 **2955 5636**
sumago@sumago.com.br